星栞 **HOSHIORI**

2024年の星占い

・牡羊座・

石井ゆかり

牡羊座のあなたへ
2024年のテーマ・モチーフ
解説

....

モチーフ：太陽と月

....

　2024年、牡羊座には「ドラゴンヘッド」が位置しています。「ドラゴンヘッド」は、この近くで満月や新月が起こると、月食・日食が起こるのです。ドラゴンヘッドは「縁」を司る、と言われます。「縁」は人間の意志ではコントロールできない、世界と自分の結びつきです。「縁」は人生全体を意味づけることさえあるのです。地球から見た太陽と月の道の交差点で、神秘的な、もしかしたら人生を変えるような出会いが今年、あなたを待っているはずです。

はじめに

　こんにちは、石井ゆかりです。

　2020年頃からの激動の時代を生きてきて、今、私たちは不思議な状況に置かれているように思われます。というのも、危機感や恐怖感に「慣れてしまった」のではないかと思うのです。人間はおよそどんなことにも慣れてしまいます。ずっと同じ緊張感に晒されれば、耐えられず心身が折れてしまうからです。「慣れ」は、人間が厳しい自然を生き延びるための、最強の戦略なのかもしれませんが、その一方で、最大の弱点とも言えるのではないか、という気がします。どんなに傷つけられ、ないがしろにされても、「闘って傷つくよりは、このままじっとしているほうがよい」と考えてしまうために、幸福を願うことさえできないでいる人が、とてもたくさんいるからです。

　2024年は冥王星という星が、山羊座から水瓶座への移動を完了する時間です。この水瓶座の支配星・天王星は「所有・物質的豊かさ・美・欲」を象徴する牡牛座に位置し、年単位の流れを司る木星と並んでいます。

4

冥王星は深く巨大な欲、社会を動かす大きな力を象徴する星で、欲望や衝動、支配力と関連づけられています。すなわち、2024年は「欲望が動く年」と言えるのではないかと思うのです。人間の最も大きな欲望は「今より落ちぶれたくない」という欲なのだそうです。本当かどうかわかりませんが、この「欲」が最強である限り、前述のような「慣れ」の世界に閉じこもり続ける選択も仕方がないのかもしれません。

　でも、人間には他にも、様々な欲があります。より美しいものを生み出したいという欲、愛し愛されたいという欲、愛する者を満たしたいという欲、後世により良いものを残したいという欲。「欲」が自分個人の手の中、自分一人の人生を超えてゆくほど大きくなれば、それは「善」と呼ばれるものに近づきます。水瓶座の冥王星は、どこまでもスケールの大きな「欲」を象徴します。世界全体にゆき渡る「欲」を、多くの人が抱き始める年です。

《注釈》

◆ 12星座占いの星座の区分け（「3/21〜4/20」など）は、生まれた年によって、境目が異なります。正確な境目が知りたい方は、P.124〜125の「太陽星座早見表」をご覧下さい。または、下記の各モバイルコンテンツで計算することができます。
インターネットで無料で調べることのできるサイトもたくさんありますので、「太陽星座」などのキーワードで検索してみて下さい。

モバイルサイト【石井ゆかりの星読み】（一部有料）
https://star.cocoloni.jp/（スマートフォンのみ）

◆ 本文中に出てくる、星座の分類は下記の通りです。

火の星座：牡羊座・獅子座・射手座　　　地の星座：牡牛座・乙女座・山羊座
風の星座：双子座・天秤座・水瓶座　　　水の星座：蟹座・蠍座・魚座
活動宮：牡羊座・蟹座・天秤座・山羊座
不動宮：牡牛座・獅子座・蠍座・水瓶座
柔軟宮：双子座・乙女座・射手座・魚座

《参考資料》

・『Solar Fire Gold Ver.9』（ソフトウェア）/ Esoteric Technologies Pty Ltd.
・『増補版　21世紀　占星天文暦』/ 魔女の家BOOKS　ニール・F・マイケルセン
・『アメリカ占星学教科書 第一巻』/ 魔女の家BOOKS　M.D.マーチ、J.マクエバーズ
・国立天文台 暦計算室Webサイト

HOSHIORI

牡羊座 2024年の星模様

年間占い

❄「立ち止まり・ふり向く」年

　牡羊座の2024年は、「立ち止まる・ふり向く」時間です。……と、これを読んで「悪い年なのかな？」という印象を抱いた方もいらっしゃるかもしれません。牡羊座はスピードと勢い、前進と挑戦の星座です。そんな星のもとに生まれた読者に対し、冒頭から「立ち止まる・ふり向く」というキーワードを示すのは、私も多少、躊躇しました。ですが「立ち止まる・ふり向く」ことは、決して「悪いこと」ではないはずです。むしろ、そこにはとても価値ある、大事なことが、これでもか！というほど、みっしりと詰まっています。

　「立ち止まる・ふり向く」の反対は何でしょうか。「立ち去る・スルーする・通り過ぎる」などが当てはまるのではないでしょうか。たとえば恋愛の場などでは「あの人にふり向いてほしい」という表現を用います。「ふり向く」のは、通り過ぎようとした時に「これは、通り過ぎてはいけない！」と気づくからです。今パッと過ぎ去ろうとした景色の中に、大切にしなければなら

ないもの、重要なものがあった、とわかるからです。

　現代社会では特に、スピードと瞬間瞬間の刺激だけが重視され、立ち止まってよく味わったり、見過ごされそうなものを拾い上げたりすることが、とことん軽視されているように思われます。「タイパ」を気にし、何でも三倍速でおっちょこちょいに早合点することのほうがむしろ是とされる世の中では、一体何が大切で重要なのかなど、考える時間もありません。

　でも、少なくとも2024年の牡羊座の人々は、そこでぐっと踏み止まる勇気を持てます。同じものを二度見、三度見し、何度も繰り返し味わって、「これは、どうしても失ってはならないものだ」ということを確認できるのです。

　2024年全体に「立ち止まる・ふり向く」流れは通底しているのですが、特にそのことが強調されているのは5月いっぱいまでの時間です。6月以降は右肩上がりに外側へ、前へ、という動きが徐々に増え、新しい世界へと進んでいけます。

　とはいえ、その「新しい世界」では、前半に立ち止

まって獲得したものがとても役に立ちます。ある場所に立ち止まって真剣に仕入れ、荷車に積み込んだものを、年の後半に移動していった先で取り引きできるのです。

　過去に起こったことを振り返ること。経験したことを咀嚼し、そこから普遍的な知識を吸い上げて整理すること。思い出を語り合うこと。記録を読みかえすこと。目の前にあるものを見つめること。身近な人と語り合うこと。家の近所を歩くこと。集めてきたものを味わい、必要があれば整理すること。在庫の「棚卸し」をすること。いつも使っているものを磨いたり、手入れしたりすること。家の中や作業場を気持ち良く整えること。たとえばそんなことが、2024年のあなたの最重要ミッションなのかもしれません。

　「タンスの肥やし」や「積ん読」など、「たくさん買っておいたまま、あまり使っていない」ものを抱えている人はたくさんいます。もしあなたにもそんな心当たりがあるなら、2024年はそれらをどんどん使うこと

になるかもしれません。「いつか特別な時に使おう」と思ってそのまま手をつけていないものを、日常的に使用するようになるかもしれません。

　実力や特技、才能を使わないまま塩漬けにしていた人は、それらを華やかに披露する場を見つけられるかもしれません。

　誰しも有形無形の「在庫」を持っていて、その中には忘れられたもの、眠り続けているものがなにかしら、存在しています。それらを掘り起こし、揺り起こして、改めて「自分のもの」にしていくような作業が、2024年はとても捗るはずなのです。

❄ 「ゆたかさ」と「自由」と

　2023年5月から2024年5月26日まで、ズバリ「金運の良い時間」です。お金やモノに関することで、急成長が起こる季節なのです。

　個人的に収入が増えたり、欲しいものが手に入ったりすることはもちろん、直接収益に結びつくような仕事、ビジネスに取り組んでいる人は、大きな成功を収められるかもしれません。また、自分自身で金銭的な

収益を得てはいないという人も、貯蓄や投資で結果を出したり、自分の手で何か価値あるものを制作、生産、創造したりすることになるかもしれません。あるいは、数年前から蒔いてきた種が育ち、ここで「一度目の収穫」となるのかもしれません。

　2018年頃から、お金やモノにまつわる「自由」を目指して様々な試みを続けてきた人が少なくないはずです。この「自由」の具体的な内容は十人十色ですが、たとえば三つほどのパターンが考えられます。

　一つは「経済的自立」です。「経済的な事情で、居心地の悪い実家を出られない」「お金を巡って、パートナーとの間に固定的な力関係が生じている」などの状態を脱却すべく、経済力を身につけようとしてきた人が多そうです。趣味として楽しんでいた活動がビジネスに発展するなど、「手に職をつける」「自分で稼ぎを作る」ことに成功しつつある人もいるはずです。こうした流れは、2024年前半、一気に加速しそうです。

　もう一つは「モノやお金から自由になる」試みです。買い物が趣味だったり、「タンスの肥やし」で収納が溢

れていたりした状態を解消すべく、頑張ってきた人がいるはずです。モノを持つことに頼ったり、お金に支配されたりしていた自分に気づき、そうした暮らし方を根本的に変えようと努力してきた人が多いでしょう。2024年前半は、そのような取り組みにある種の結果が出ます。特に、これまでストイックに自分を戒めてきた人ほど、この時期はゆたかさや楽しさの感覚を取り戻せるようです。

さらに、大きな経済力を手に入れることで「可能性を増やす」ことを目指してきた人もいるかもしれません。愛や幸福などお金で買えないものはたくさんありますが、その一方で、お金があれば入れる場所、使えるものがたくさんあることも事実です。お金に余裕があることで、選択肢が増え、活動の幅が広がる、という考え方は厳然と存在します。たくさん稼ぐことによって手に入る種類の「自由」を追求してきた人も、少なくないだろうと思います。2024年前半は、そうした試みが一つの成功ラインに達します。

お金に頼らない、モノを持たないことで自由になる人もいれば、お金をたくさん持っていて自由になる人

もいます。何が経済的自由なのかは、その人自身の個性や生き方によって決まるもので、どれが正しくてどれが間違いということはありません。パートナーや家族の収入で生活し、安心して周囲のケアをすることで心の自由を満喫する人もいれば、家族の大黒柱として汗をかきながら、自分の力を信じられる自由を感じる人もいます。問題なのは「納得できる心の自由が確保できているか」という一点です。全く同じ条件下に置かれても、自由だと感じる人もいれば、不自由だと思う人もいるのです。

　そんな2018年頃からの「経済活動における自由への模索」に、2024年前半は強いスポットライトが当たります。自分自身の手で勝ち取る「自由」の手応えを、この時期多くの人が感じられるはずです。

✳ 5月末以降「コミュニケーションと学び」の時間

　2024年5月26日から2025年6月10日までの約1年は「コミュニケーションと学び」の時間です。新しい場所に出かけ、たくさんの人々と新しい交流を持ち、多くを吸収して、生きる世界が広がりを見せます。

もともとフットワークの軽い牡羊座の人々ですが、この時期は特に、あちこち出向き、旅をする機会が増えるでしょう。点と点を線で結んで大きな星座を描くように、人と人、場所と場所を結びつけ、広やかな「場」を生み出せます。普段、人間関係が固定しがちな人も、この時期はとてもオープンな場に身を置くことになるかもしれません。人の出入りが自由な場で活動することで、「世の中には本当に色々な人がいるのだ！」と驚きを感じる場面もあるでしょう。均質性の高い環境にあって息苦しさを感じている人にとっては、「脱出」の時間となるかもしれません。自分と似たようなバックグラウンド、似たような年齢や立場の人々の集団から離脱し、よりバラエティに富んだ「身内」を形成できるのです。

｛ 仕事・目標への挑戦／知的活動 ｝

　「努力の果実」をどんどん収穫できる年です。2022年から2023年前半にかけてスタートさせた仕事の最初の収穫をする人もいれば、2008年頃から頑張ってきたことを最終的な成功のレールに乗せる人もいるでしょ

◇◇◇◇◇◇◇◇◇◇◇◇◇◇◇◇◇◇◇◇◇◇◇◇◇◇◇◇◇◇◇◇◇◇

う。10年以上野心を燃やし続け、その到達地点に立っ
て「頑張ってきて良かった！」という満足感を味わう
人が少なくないはずなのです。

　前述の通り2024年前半は経済活動が活性化する時期
で、仕事においても収益性を重視することになりそう
です。たとえば、今までは「利益は少ないけれど、や
りがいがあるから頑張れる」と思っていた人も、2023
年半ば頃から「やはり、しっかり利益が出ないと、長
く活動を続けていけない」「もっと仲間に還元したい」
といった意識が生まれ、より経済的な成果を重視する
スタンスに変わるのです。あるいは、世の中全体の経
済的な条件、環境が変わり、それに合わせて仕事やビ
ジネスのやり方を大きく変える必要に迫られる人もい
るでしょう。「こんなに変えたら、お客様がついてきて
くれないのでは？」などの不安を感じる場面もあるか
もしれませんが、この時期は経済的な環境変化に対し
て「なにもしない」ことのほうが、おそらくリスクが
高いように思われます。

◇◇◇◇◇◇◇◇◇◇◇◇◇◇◇◇◇◇◇◇◇◇◇◇◇◇◇◇◇◇◇◇◇◇

6月以降は約1年の「学びの時間」です。集中的に学んで資格を取得したり、特別なスキルを身につけたりする人もいるでしょう。特に「基礎的なことが身についていない」「教養が足りない」などの不安を密かに抱いている人は、この時期そうした不安感を根本的に解消するためのアクションを起こせそうです。もちろん、ちょっと勉強してすぐに自信がつく、ということはなかなか難しいかもしれません。むしろ勉強は「やればやるほど不安になる」のが一般的です。勉強すればするほど「知らないことがたくさんある」ことに気づかされるからです。ですが、継続的に学ぶ習慣をつけること、学んでいるがゆえに自分の知らないことに対して謙虚になれることなど、この時期得られるものはたくさんあります。また、学びの経験を通して友人、仲間に恵まれる気配もあります。

　この時期の開放的な学びと交流の動きには、「前哨戦」的な意味合いがあります。というのも、2025年以降、もう一回り大きなスケールで「コミュニケーションと学び、旅の自由化」の時間がやってくるからです。2024年後半から2025年前半の外出、旅、コミュニケ

ーション、学びは、その先のプロセスのきっかけであり、ヒントと言えるかもしれません。

｛ 人間関係 ｝

　「縁」が結ばれる時です。不思議な繋がり、「運命」を感じるような出会いに恵まれそうです。公私ともに「この人と一緒にやっていこう」と決意するような場面もあるかもしれません。5月末以降の約1年は「コミュニケーションの時間」で、ゆたかな対話に恵まれます。この時期出会った人々の中から「身内」と呼べる相手が登場する可能性もあります。他人行儀でない、気の置けない付き合いが生まれ、根づきます。

｛ お金・経済活動 ｝

　前述の通り、2024年前半はズバリ「お金・経済活動の時間」です。この時期のいわゆる「金運」の特徴は、「自分自身の手で獲得する・作る」という点です。「金運が良い時です」というと必ず「宝くじを買おう！」という人がいますが、この時期の「金運」は、厳密には「運」ではなく、確かな努力や働きかけの成果なの

です。とはいえ、たとえば農作物の収穫量は、人間の努力の他に、天候という大きな「運」に左右されます。経済活動に限ったことではありませんが、努力の上に「運」が乗っかって初めて結果が出るところがあるわけで、そういう意味でやはり「金運が良い時期」と言えると思うのです。どんなに努力しても、時宜を得なければ実を結ばないこともあります。その点この2024年前半は、あなたのこれまでの努力に対し、「天」が味方してくれる時間です。

｛ 健康・生活 ｝

　このテーマにおいて最も「立ち止まり・振り返る」ことが必要になるかもしれません。なんとなく続けてきた不健康な生活習慣、自覚できていなかった無理やストレスの蓄積を、この時期しっかり振り返り、変えることができます。生活のあり方を根本的に改善するため、あるいはストレスの元となる人間関係から離脱するために、引っ越しして環境を変える人もいそうです。

◉ 2024年の流星群 ◉

「流れ星」は、星占い的にはあまり重視されません。古来、流星は「天候の一部」と考えられたからです。とはいえ流れ星を見ると、何かドキドキしますね。私は、流れ星は「星のお守り」のようなものだと感じています。2024年、見やすそうな流星群をご紹介します。

4月下旬から5月／みずがめ座η流星群
ピークは5月6日頃、この前後数日間は、未明2〜3時に多く流れそうです。月明かりがなく、好条件です。

8月13日頃／ペルセウス座流星群
7月半ば〜8月下旬まで楽しめる流星群です。三大流星群の一つで、2024年は8月12日の真夜中から13日未明が観測のチャンスです。夏休みに是非、星空を楽しんで。

10月前半／ジャコビニ流星群
（10月りゅう座流星群）
周期的に多く出現する流星群ですが、「多い」と予測された年でも肩透かしになることがあるなど、ミステリアスな流星群です。2024年・2025年は多数出現するのではと予測されており、期待大です。出現期間は10月6日〜10月10日、極大は10月8日頃です。

HOSHIORI

牡羊座 2024年の愛

年間恋愛占い

●●

♥ 年末から来年にかけて「ふたこぶ」のピーク

　2024年の牡羊座の愛は、後半に向かうに従って活性化し、年末、一つのピークを迎えます。さらにこの「ピーク」は駱駝のようにふたこぶあって、2025年4月半ばから6月半ばに再度「ピーク」を迎えることになっています。一度目よりも二度目のほうが、愛の物語はドラマティックな急展開を見せるでしょう。フリーの人もカップルも、年末から来年初夏に向かって愛の山を登っていくような時間と言えます。

｛ パートナーを探している人・結婚を望んでいる人 ｝

　年の前半から半ばは「再会」からの愛が期待できます。失った愛を取り戻す人もいるはずですが、それ以上に、懐かしい友人知己との再会、かつていた場所への再訪などがきっかけとなって、愛が芽生える可能性があるのです。特に、同窓会での再会とか、友人の結婚式での旧友との再会などは、この時期、期待大です。過去へと遡るような時間の中で、「この人は！」と思える人に出会えます。過去の自分には相手の良さがまだ、

●●

理解できなかったのかもしれません。あるいは、お互いに人間的な成長を経て、やっとその魅力をストレートにぶつけ合えるようになっているのかもしれません。昔は良さがわからなかった映画や本が、大人になって「面白い！」と感動できる、といったことはよくあります。人間関係にもそうしたことはしばしば起こりますが、3月から5月、7月から9月は特に、愛の世界でそうした動きが生じやすいようです。

さらに11月から年明けにかけて、愛の強い追い風の吹く時期です。能動性・主体性がカギとなる時で、自分から行動を起こせばきっと、このタイミングで出会いを見つけられます。この時期にきっかけを掴み、2025年4月から6月くらいの中で愛の物語を本格化させる、といった展開も考えられます。

また、2024年6月以降は兄弟姉妹や幼馴染（おさななじみ）、近所の人など、ごく身近な人が愛のキューピッドとなってくれる可能性もあります。身近な人との日常的な関わりを大切にすることで、愛の扉が開くかもしれません。

2024年全体を通して、特別な縁が結ばれやすい時期となっています。意外な出会い、不思議な出会いの気

配が濃厚です。特に3月後半から4月前半、10月前半
は、心の扉を開いておきたいところです。

${ パートナーシップについて }$

　自分が変わると、相手が変化しないことに苛立ちを
感じることがあります。あるいは、相手の態度が大き
く変わった、と感じた時、実は自分自身の変化が原因
となっている場合もあります。そのような意味で、こ
の時期のパートナーシップにおける関係性の変化は、ど
こかシーソーのようなところがあるかもしれません。相
手が上がれば自分が下がり、相手が下がれば自分が上
がります。理想的なのは、お互いが上がったり下がっ
たりを繰り返すことです。関係性が固定化せず、常に
動き続けることで、二人でいることのダイナミックな
喜びを味わえます。

　とはいえ2024年前半はどちらかと言えば「無風」の
感じがあるかもしれません。あるいはあなたが過去の
ことを色々思い出したり、これまで溜め込んだ思いを
ぶつけたくなったりと、コミュニケーション上の「振
り返り」が起こる可能性はあります。ただ、このやり

とりはネガティブなものにはならないようです。これは、あなた自身が新しい関係構築の可能性を探ろうとしていることの表れであり、相手もそのことを了解してくれるでしょう。年の半ばを過ぎると「コミュニケーションの時間」に入り、新しい対話や動きが生まれます。二人で旅行に出たり、引っ越ししたり、ペットを飼い始めたりと、新たな共通の話題で盛り上がる機会が増えそうです。「話さなければならないテーマ・相談事」が、愛を育てる場となり、原動力ともなります。さらに11月から年明けは、熱い愛の追い風が吹いてきます。最近多少倦怠期気味だった人も、この時期は愛のドラマを演出する意欲が湧いてくるでしょう。キラキラしたトキメキが少なからず、復活しそうです。

⟨ 片思い中の人・愛の悩みを抱えている人 ⟩

　2024年半ばまでは「一人で悩む」ことになりがちです。ですがこのことは、決して悪いことではありません。むしろ、ここで徹底して内省し、自分自身と「話をつけておく」ことが重要です。6月以降はコミュニケーションの時間となっており、相手と語り合う時間、

あるいは信頼できる人に相談する機会を多く持てるでしょう。さらに11月からは、愛の世界で勝負することができます。怒りをぶつけたり、愛の未来を切り開くためにチャレンジしたりできる時間となっています。

｛ 家族・子育てについて ｝

　9月から2026年前半にまたがって、長期的に「居場所が動く時期」となっています。引っ越しや家族構成の変化が起こりやすい時間帯です。特に2024年後半は、未来の住環境を探すロケハンのような旅行ができるかもしれません。子育てについては11月から年明け、そして2025年4月から5月が熱い変革期となっています。自分らしい「骨太の理念」を打ち立てられる時です。

｛ 2024年　愛のターニングポイント ｝

　4月、7月半ばから8月頭、8月末から9月は強い追い風が。また、3月中旬から5月半ば、7月から9月前半は、「復活・再生」の時です。3月後半から4月前半、10月前半は「愛のミラクル」の時間です。

HOSHIORI

牡羊座　2024年の薬箱

もしも悩みを抱えたら

❖ 2024年の薬箱 〜もしも悩みを抱えたら〜

　誰でも日々の生活の中で、迷いや悩みを抱くことがあります。2024年のあなたがもし、悩みに出会ったなら、その悩みの方向性や出口がどのあたりにあるのか、そのヒントをいくつか、考えてみたいと思います。

◈ 過去の捉え方を変える試み

　過去の辛い出来事を急に思い出し、ネガティブな気持ちに支配される場面があるかもしれません。ずっと忘れていた苦しみや怒りが、たった今起こったことのように胸に渦巻いて、身動きが取れなくなることもありそうです。弱みを見せることを嫌うあなたは、そうした思いが湧き上がっても、なかなか表に出せないかもしれませんが、この時期、特に年の後半は、できるだけ感情を表に出すこと、言葉で表現することが大切です。信頼できる人に思いを吐露する時間を持つことで、今本当に考えるべきテーマが見えてきます。時間を遡って過去を変えることはできませんが、過去との関わり方・捉え方を変えて現在から未来を変えること

はできます。今年はそうした試みが成功しやすい時期です。

◆ **おびえからの逆ギレ**

11月以降、恋人や子供との諍い（いさか）が増えるかもしれません。仲良くしたい大切な相手なのに、なぜかぶつかってしまうのは、「甘え」が原因なのかも。大切な人を大切にするためには、自分の中にある弱さや恐れ、不安などに目を向けると、効果があるかもしれません。この時期の怒りには「おびえからの逆ギレ」的な意味合いがこもっている気配があるのです。

◆ **「野心」の到達点**

物欲が高じる時で、散財気味になるかもしれません。特に、見栄を張るためにお金を使ってしまうと、後悔のもとです。人間関係や愛情は、お金では買えません。お金のトラブルでは、お金で買えないものを買おうとしていないか、考えてみて。

2024年のプチ占い（牡羊座〜乙女座）

牡羊座（3/21-4/20生まれ）

特別な縁が結ばれる年。特に春と秋、公私ともに素敵な出会いがありそう。年の前半は経済活動が熱く盛り上がる。ひと山当てる人も。年の半ば以降は、旅と学び、コミュニケーションの時間へ。成長期。

牡牛座（4/21-5/21生まれ）

約12年に一度の「人生の一大ターニングポイント」が5月末まで続く。人生の転機を迎え、全く新しいことを始める人が多そう。5月末以降は、平たく言って「金運の良い時」。価値あるものが手に入る。

双子座（5/22-6/22生まれ）

大きな目標を掲げ、あるいは重大な責任を背負って、ひたむきに「上を目指す」年。5月末からは素晴らしい人生のターニングポイントに入る。ここから2025年前半にかけ「運命」を感じるような出来事が。

蟹座（6/23-7/23生まれ）

夢と希望を描く年。素敵な仲間に恵まれ、より自由な生き方を模索できる。新しい世界に足を踏み入れ、多くを学べる年。9月から2025年春にかけて「自分との闘い」に挑む時間に入る。チャレンジを。

獅子座（7/24-8/23生まれ）

大活躍の年。特に5月末までは、仕事や対外的な活動において素晴らしい成果を挙げられる。社会的立場がガラッと変わる可能性も。独立する人、大ブレイクを果たす人も。11月以降も「勝負」の時間。

乙女座（8/24-9/23生まれ）

冒険と成長の年。遠い場所に大遠征を試み、人間的に急成長を遂げる人が多そう。未知の世界に思い切って足を踏み入れることになる。5月末以降は大活躍、大成功の時間へ。社会的立場が大きく変わる。

（※天秤座〜魚座はP.96）

牡羊座 2024年 毎月の星模様

月間占い

◆星座と天体の記号

　「毎月の星模様」では、簡単なホロスコープの図を掲載していますが、各種の記号の意味は、以下の通りです。基本的に西洋占星術で用いる一般的な記号をそのまま用いていますが、新月と満月は、本書オリジナルの表記です（一般的な表記では、月は白い三日月で示し、新月や満月を特別な記号で示すことはありません）。

♈：牡羊座	♉：牡牛座	♊：双子座
♋：蟹座	♌：獅子座	♍：乙女座
♎：天秤座	♏：蠍座	♐：射手座
♑：山羊座	♒：水瓶座	♓：魚座
⊙：太陽	●：新月	○：満月
☿：水星	♀：金星	♂：火星
♃：木星	♄：土星	♅：天王星
♆：海王星	♇：冥王星	
℞：逆行	Ð：順行	

◆ 月間占いのマーク

また、「毎月の星模様」には、6種類のマークを添えてあります。マークの個数は「強度・ハデさ・動きの振り幅の大きさ」などのイメージを表現しています。マークの示す意味合いは、以下の通りです。

マークが少ないと「運が悪い」ということではありません。言わば「追い風の風速計」のようなイメージで捉えて頂ければと思います。

★彡　特別なこと、大事なこと、全般的なこと

✊　情熱、エネルギー、闘い、挑戦にまつわること

🏠　家族、居場所、身近な人との関係にまつわること

💴　経済的なこと、物質的なこと、ビジネスにおける利益

✏️　仕事、勉強、日々のタスク、忙しさなど

♥　恋愛、好きなこと、楽しいこと、趣味など

1

JANUARY

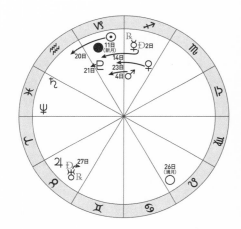

◆**長年の野心の辿り着くところ。**

多忙期です。4日以降一気にやるべきことが増え、さらに月の半ばにブーストがかかります。大勝負に挑む人が多そうですが、ここでのチャレンジにはどこか「集大成」「後始末」「次への橋渡し」のような意味合いが含まれているようです。長年の野心の「最終的到達点」に立つ人も多いでしょう。

◆**12月中の「遅延」からの回復。**

12月半ばから遠方とのコミュニケーションが滞っていたなら、1月に入るとほぼ同時に正常化しそうです。勉強や研究、発信など知的活動における悩みを抱えていた人も、1月に入ると悩みの出口が見えてくるでしょう。前半は特に遠出の機会が増え、フ

ットワーク良く動けます。ただ、若干スピードが出すぎる時なので、「勢い余って」の躓（つまず）きには気をつけて。

◆新しいミッションのスタート。

11日前後、何か重要なミッションがスタートしそうです。ここから始まる活動は、あなたの経済的な環境を大きく変えていく可能性があります。突然新たな収入の途を見つける人もいれば、ビジネスが急展開するといった展開もあるでしょう。月末にも、経済面で前向きな変化が起こります。自分自身の意志やセンス、アイデアを信じることがポイントです。

♥厚みのある人間性への憧れ。

爽やかな追い風の中にあります。特に「憧れ」が愛の牽引力となる時です。知性や人間的な懐の深さに憧れるなら問題はありませんが、経済力や社会的な力への憧れが前に出ると、あなた自身の経済活動に歪みが生じる可能性も。自分自身の「力」と相手の「力」とを混同しないことが大事です。

》》1月 全体の星模様

12月半ばから射手座で逆行中の水星が2日、順行に戻ります。コミュニケーション上の問題、遠方とのやりとりや移動の問題が解決に向かうでしょう。とはいえ月の半ばまでは、流言飛語の危険も。火星は山羊座で力を増し、権力闘争が煽られます。21日、昨年3月以来二度目の冥王星水瓶座入り、時代の大きな節目に。ただし冥王星の水瓶座入り完了は11月20日、まだ中間地点です。

2

FEBRUARY

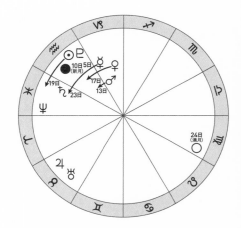

◆前半は目の前の目標、後半は遠い野心。

月の前半は引き続き、熱い忙しさに包まれます。ガンガン挑戦
して、大きな成果を挙げられそうです。月の半ばを過ぎると、少
し肩の力が抜けて、リラックスできるかもしれません。月の前
半に目指したのが「目標」なら、後半はもう少しロングスパン
での「野心」を追いかけられるタイミングです。

◆社会と自分の繋がりを実感する。

社会の動向から強い影響を受ける場面がありそうです。時代の
流れや周囲の人々の人生に、深くコミットすることになります。
自分の生活が自分の手の中だけでは収まらない、と感じる人も。
仲間や外部の人々、公的機関、専門家などとの連携が物を言い

ます。個人的なことでも敢えてオープンにすることで周囲も救われる、といった展開もあるかもしれません。

◆必要とされる喜び。

24日前後、自分が身近な人に対して果たしている役割の重要さに気づかされるかもしれません。思った以上に頼られていること、必要とされていることがわかる場面が。

♥ひたむきさが愛に繋がる。

ともに闘う「戦友」との信頼関係が、次第に愛情に発展する、といった展開になるかもしれません。カップルも、同じ目標を追いかけたり、互いがそれぞれに活躍しているのを尊敬し合ったりする中で愛が育ちます。あなたはとてもひたむきな人ですが、そのひたむきな頑張りが愛に直結しています。ただ、勝利している時には人は傲慢になりがちな面も。自分の強さを感じ、やりがいに酔っているような時ほど、人への思いやりや優しさを大切にしたいところです。

≫ 2月 全体の星模様 〈

火星は13日まで、金星は17日まで山羊座に滞在します。2022年の1月から3月頭に起こった出来事をなぞるような、あるいは明確にあの頃の「続き」と感じられるような出来事が起こるかもしれません。さらに月の半ばを過ぎて、社会的に非常にビビッドな転換点が訪れるでしょう。冥王星に火星、金星が重なり、人々の「集合的無意識」が表面化して大きな潮流が生じます。

3

MARCH

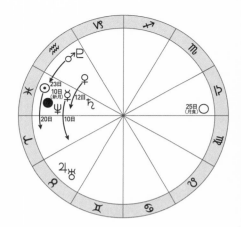

◆**広い視野に立った活動。**

利害や損得を超えた活動に打ち込める時期です。友達のために
ひと肌脱いだり、社会的な活動に参加したりする場面がありそ
うです。この時期関わる人々から刺激を受け、広い視野に立ち、
長い目でものを見て、普段とは違った選択を重ねることになる
かもしれません。新しい情熱を感じられる時です。

◆**内なる悩みに差し伸べられる手。**

2023年頃から不安に感じていたこと、悲観していたことについ
て、敢えて前向きに取り組める時です。「どうせ、何をやっても
無駄だ」と思い込んでいたことを、「試しに工夫してみよう」と
動いてみたら、意外に簡単に解決に向かうかもしれません。ま

た、この時期は無償の協力を申し出てくれる「助っ人」にも恵まれます。あるいは、救いの手を差し伸べてくれる、愛に溢れる誰かがそこにいるのかもしれません。

◆ **人間関係の不思議な、熱い進展。**
25日前後、特別な出会いや人間関係の進展が起こります。夢や野心を共有できる「熱い」誰かに出会えるかもしれません。あるいは、誰かと特別な協力関係を結ぶことで、夢が一気に実現に向かう気配も。人脈が不思議な広がりを見せます。

♥ **月の半ばで空気が変わる。**
月の前半は交友関係の中から愛が芽生えます。カップルは二人で様々な場やイベントに参加するなど、オープンな付き合いができそうです。月の半ば以降は、二人だけの「閉じた世界」にスポットライトが当たります。デリケートなものを丁寧に、大切に扱うことが愛を育てます。フリーの人は、助け合いから愛が芽生えます。25日頃、ミラクルな出来事も。

>> **3月 全体の星模様** <

火星が冥王星と水瓶座に同座し、非常に鉄火な雰囲気が漂います。2023年頃から静かに燃え始めた野心が、最初のハッキリした「発火」を起こしそうです。月の上旬は水星が魚座に位置していて、コミュニケーション上の混乱が起こりやすいかもしれません。10日を境にその混乱がすうっと収まり、かわってとても優しい愛が満ちてきます。共感と信頼、救済の力を感じられます。

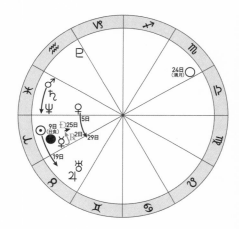

◆多少空回りしても、大丈夫。

元気いっぱいの楽しい春です。ただ、多少混乱や空回りを感じるかもしれません。躓いても、それは「悪いこと」ではなく、時間が解決してくれます。新年度で気合いを入れたいのにどうも怠けてしまう、という人もいそうですが、今年はスロースタートで大丈夫。決して焦らず、いつも心に太陽を。

◆「後戻り」に意義がある。 ★彡★彡

振り返ったり、立ち止まったり、やり直したりする場面が多い時です。25日頃までは、先を急いでも意味がありません。前進よりも後戻りを意識したほうが、流れがスムーズになる可能性も。スケジュールがどんどん変更になったり、交通機関の乱れ

に巻き込まれたりしても、結果的にちゃんと対応できます。寄り道や道草で得るものがたくさんありそうです。

◆「吹っ切れる」動き。

隠れた問題がどんどん解決に向かいます。密かに悩んでいたこと、くよくよ考えていたことに、ガッチリ向き合って根本解決できそうです。特に、最近味方になってくれた人がその問題の解決のために、絶妙な助け船を出してくれるかも。9日前後、特別なスタートのタイミングが置かれています。突然、目の前に意外な人生の扉が開かれるかもしれません。

♥行き違いから生まれる恋も。　♥ ♥ ♥

愛の星・金星があなたのもとに巡り、キラキラの愛の季節に入ります。今回は特に「愛の復活・再生」の気配があります。倦怠期気味だった人はフレッシュな愛情がよみがえるかもしれません。愛を探している人は、「再会」からのスタートとなるかも。小さなトラブルが愛のきっかけとなる可能性が。

≫≫ 4月 全体の星模様

水星が牡羊座で逆行し、そこに金星が重なります。これは、混乱や緩みが感じられる配置です。年度替わりに「スタートダッシュ！」と意気込んでも、なぜかもたもた、ノロノロするかもしれません。先を急がずどっしり構えることがポイントです。魚座で土星と火星が同座し、ある種の手厳しさが強調されています。不安が反転して怒りが燃え上がるような、「逆ギレ」的展開も。

MONTHLY
HOROSCOPE

5

MAY

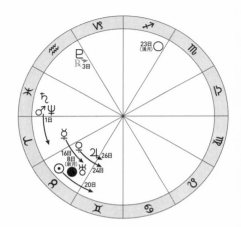

◆ **思い切り、大暴れできる。**

熱い勝負の季節です。持ち味を出しやすく、狙ったアクション
がストレートに的を射るので、とても気持ち良く動けるでしょ
う。特に16日までは何が起こっているのかわからないほど、嵐
のような忙しさに包まれるでしょう。4月中の停滞も、一気に
リカバリできます。大暴れできる、大活躍の時間です。

◆ **「お金の季節」のクライマックス。**

経済活動が素晴らしい盛り上がりを見せます。大きなお金が入
ったり、大きな買い物をしたりすることになるかもしれません。
2023年後半から取り組んでいたお金にまつわる活動が、ここで
クライマックスを迎えるのです。自分の「欲」を知ること、欲

しいものに正直になること、お金や利益を否定しないことが大切です。ゆたかに、ゴージャスに。

◆ **旅と学び、コミュニケーションの季節へ。**

26日から2025年6月上旬にかけて「旅と学び、コミュニケーションの季節」に入ります。24日からは金星の爽やかな応援もあり、周囲との対話が盛り上がりそうです。旅行の計画も次々と起ち上がり、一気に「動き」が増えます。ここからは「情報力で勝負」できる局面も多くなります。広く情報収集し、必要なことは深く学んで。力をつけて。

♥ **自分から動く強さ、そこに生まれる信頼。**

愛についても「自分から動ける」時です。非常にアクティブになれますし、「当たって砕けろ」の勇気が湧いてきます。大胆不敵に行動しているようで不思議な安定感があり、あたたかな信頼を勝ち得ることができそうです。特に記念日などではないのに、愛する人に贈り物をしたくなるかも。

》》 5月 全体の星模様 《

牡牛座に星々がぎゅっと集まり、2023年5月からの「牡牛座木星時間」の最終段階に素晴らしい彩りを添えます。約1年頑張ってきたことがここで、非常に華やかな形で「完成」しそうです。牡牛座は物質・お金の星座であり、社会的には経済や金融などの分野で大変化が起こる可能性があります。20日から26日にかけて星々は順次双子座へ移動し、新しい時間が幕を開けます。

6

JUNE

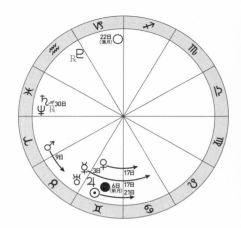

◆上旬に「勝負」を終え、環境整備へ。

月の上旬まではとても熱い活躍期です。5月から引き続き大勝
負に挑み、勝利を掴めるタイミングです。中旬に入ると状況が
落ち着き、ホッとひと息つけます。リラックスしたところで、こ
れまで後回しになっていた身の回りの整理整頓、家の掃除など、
環境整備に取り組むことになりそうです。

◆知的吸収力の高まり。

ゆたかなコミュニケーションが生まれます。5月末から2025年
半ばにかけての「コミュニケーションの季節」に入っていますが、その最初の段階で「初めまして！」の人々と対話する機会
に恵まれそうです。素晴らしい知識の持ち主や新しい時代の情

報に精通している人など、知的な刺激をくれる人々と出会えます。知的好奇心にスイッチが入り、猛然と勉強を始める人もいるでしょう。吸収力が高まります。

◆ のびやかな経済活動。

中旬以降、経済活動が盛り上がります。精力的に稼ぐ人もいれば、物欲が嵩じてガンガン買い物する人もいるはずです。去年の半ばから創り上げてきた安定的な経済的基盤を土台に、のびのびとお金を稼いだり、使ったりできる時です。

♥ 身近な場所に愛が見つかる。 ♥ ♥

17日までは愛のコミュニケーションが盛り上がる、爽やかな好調期です。なにかと人から声をかけられるなど、心弾むシーンが多いでしょう。月の後半はアットホームな雰囲気に包まれます。カップルは「おうちデート」で距離が縮まりそうですし、愛を探している人は、ごく身近な場所に愛の芽が見つかるかもしれません。家族や身内の紹介にも妙味が。

≫ 6月 全体の星模様 ≪

双子座入りした木星に、水星、金星、太陽が寄り添い、ゆたかなコミュニケーションが発生しそうです。どの星もにぎやかでおしゃべりな傾向があり、あらゆる立場の人が一斉にしゃべり出すような、不思議なかしましさが感じられるでしょう。17日、水星と金星が揃って蟹座に抜けると、騒々しさは少し落ち着くかもしれません。全体に「流言飛語」「舌禍」に気をつけたい時間です。

7

JULY

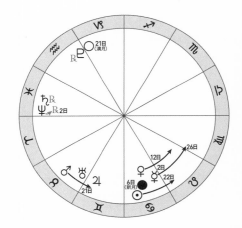

◆**お金に関する「大ブレイク」。**

中旬まで、熱い経済活動の時間となっています。お金について
ちょっとびっくりするような変動や好転が起こるかもしれませ
ん。意外な鉱脈を発見する人、大胆な衝動買いをする人、稼ぐ
ことに「開眼」する人もいそうです。経済的に大ブレイクを果
たせる時です。「欲を出す」ことで道が開けます。

◆**後半に向けて、どんどん楽しくなる。** ♥ ♥ ♥

だんだんに楽しさが増していく月です。月初から面白いことの
気配があり、徐々にお誘いの声がかかったり、注目されたりと、
キラキラした出来事が増えていきます。後半には自分からも色々
な企画を起ち上げ、あちこちに声をかけて、大きなイベントを

実現する、といった展開になるかもしれません。遊びや趣味にも勢いが出てきます。クリエイティブな活動に取り組んでいる人には、大チャンスが巡ってくる気配も。「足で稼ぐ」ものがある時です。マメに出かけていって。

◆21日頃、やる気の「スイッチ・オン」。

21日前後、空気が変わります。ある目標を達成し、ここからは思い通りにやるぞ！と、ハートにスイッチが入ります。

♥12日以降、右肩上がりに勢いが出る。　♥ ♥ ♥

月の半ば以降、キラキラの愛の季節がやってきます。積極的に動けるようになりますし、愛の世界でのコミュニケーションが一気に盛り上がります。意中の人に話しかけたり、出会いを見つけるためにあちこち出かけたりと、フットワークを活かしてチャンスを掴めるでしょう。カップルもにぎやかなあたたかさの中で愛を育めます。「なんでも話せる関係」を目指したい時です。オープンかつ積極的に。

≫ 7月 全体の星模様 ≪

牡牛座の火星が天王星に重なり「爆発的」な雰囲気です。特に経済活動に関して、驚きの変化が起こりそうです。蓄積されてきたエネルギーに火がつく節目です。21日、火星は木星が待っている双子座に入ります。この21日は今年二度目の山羊座の満月で、水瓶座に移動完了しつつある冥王星と重なっていて、こちらも相当爆発的です。世の中がガラッと変わるような大ニュースも。

8

AUGUST

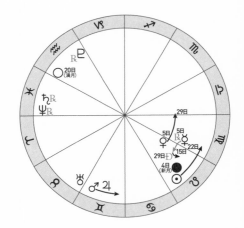

◆ **とにかく出かけ、喋る。**　　　　　　　　　✊✊✊

熱いコミュニケーションとフットワークの時間です。対話が限
りなく盛り上がりますし、議論に熱がこもり、「気がつけば口角
泡を飛ばしている自分に気づく」ような場面が増えるでしょう。
この時期に論を闘わせた相手とは、この先非常に深い仲間にな
れそうです。どこにでも出かけていって。

◆ **熱い学びの時間。**　　　　　　　　　　　　✐✐

勉強の時間でもあります。精力的に学び、大きな結果を出せま
す。資格取得やスキルアップなどを、かなり効率的に実現でき
そうです。具体的な目標を定め、短期決戦を試みる人が多いで
しょう。発信活動に取り組んでいる人は、素晴らしい追い風を

感じられます。ただ、勢い余っての脱線の危険も。言葉の選び方や感情の高ぶりには十分気をつけたいところです。失敗したらまず問題点についてできるだけ深く学び、その上でリカバリを。反射的に反応すると逆効果に。

◆時には怠けることも大事。

仕事や身近な人のための作業など、タスクがたくさんある時ですが、なんとなく捗（はかど）らないかもしれません。焦ることなく、暢（のん）気（き）に構えて大丈夫です。少し怠けることも大事です。

♥「愛がよみがえる」時間へ。

4日前後、「愛が生まれる」ような展開があるかもしれません。愛を探している人は特別な出会いがありそうです。さらに15日以降、「愛がよみがえる」時間に入ります。懐かしい人との再会から愛が生まれるかもしれません。パートナーとの思い出話が盛り上がる中で、愛の感情が熱く息を吹き返すかもしれません。過去に失った愛を取り戻す人も。

》 8月 全体の星模様 《

双子座に火星と木星が同座し、あらゆる意味で「熱い」時期となっています。荒ぶるエネルギーが爆発するようなイメージの配置で、普段抱えている不満や問題意識がはじけ飛んだようなアクションを起こせそうです。徹底的な交渉の上で要求を通せます。一方、5日から29日まで水星が乙女座－獅子座にまたがって逆行します。金星も重なっていて、少々グダグダになる雰囲気も。

9

SEPTEMBER

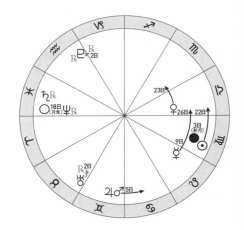

◆「他者」が力になってくれる。　　　　　♥ ♥ ♥

人に恵まれる時です。特に、身内よりも他人が頼りになるかも
しれません。家の中で衝突やケンカなどゴタゴタがあっても、第
三者や外部の誰かが仲裁に入ってくれるなど、助けてもらえそ
うなのです。身近な人であっても敢えて「一人の人間」として
相対すると、問題がスムーズに解決します。

◆生活環境が変化する。　　　　　　　　🏠 🏠 🏠

「居場所が動く」時期に入ります。引っ越しや家族構成の変化な
ど、「いつもの環境」がここから11月頭にかけて、大きく変わ
りそうです。家族や身近な人との間に、熱い衝突が起こる気配
も。言いたいことを言い合い、膿を出してスッキリできます。特

に今は「コミュニケーションの時間」の中にあり、「言いたいこと」が胸にたくさん溜まっているのかもしれません。8月中に身内との関係が既にこじれ気味だった人は、ここで正面からきちんと向き合い、関係を再構築できます。

◆遅れを取り戻せる。

8月中、仕事や任務、作業が滞っていた人は、この9月に一気に遅れを取り戻せそうです。18日前後、意外な形でボトルネックが解消します。経済的な悩みが解決する人も。

♥パートナーシップが愛に満ちる。

パートナーシップの季節です。特に23日まで、素晴らしい愛の時間となっています。パートナーがいる人は関係が大きく好転するでしょう。ゆたかなコミュニケーションが広がり、心の距離がぐっと縮まります。愛を探している人も、パートナーを見つけやすい時です。お見合いや身内からの紹介など、どちらかと言えば古いやり方が功を奏するかも。

》9月 全体の星模様《

双子座で木星と同座していた火星が蟹座に抜け、ヒートアップした雰囲気が一段落します。金星は既に天秤座に「帰宅」しており、水星も順行に戻って9日から乙女座入り、オウンサインです。水星も金星も自分の支配する星座で、その力がストレートに出やすいとされる配置になります。コミュニケーションやビジネス、交渉や人間関係全般が、軌道修正の流れに乗ります。

MONTHLY
HOROSCOPE

10

OCTOBER

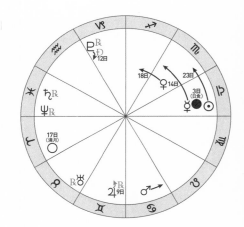

◆**生活を取り巻く空気が変わる。**　

「居場所が動く」時間の中にあります。生活環境が変わる時で、
引っ越しや家族構成の変化なども起こりやすい時です。今回は
特に、生活を取り巻く人間関係やコミュニケーションのあり方
が「再編」される気配があります。疎遠だったご近所さんと意
外なきっかけで仲良くなる、といった展開も。

◆**少し厚かましいくらいでいい。**　¥ ¥

経済活動に勢いがある時です。想定内の取り引きに収めず、「も
う少し伸びしろがないか」「オマケや特典はないか」などと注意
深く調べると、結構「プラスアルファ」が見つかります。また、
人からの好意やオススメなどはできるだけ前向きに受け取って

52

ゆくことで、お互いの関係性が深まります。「ちょっと遠慮が足りないかな？」「厚かましいかな」くらいでちょうどいいような時間帯です。17日前後、あなた自身の意志を強く打ち出すことで状況が良いほうに変わります。

♥**知的活力をフル回転。**

イキイキした雰囲気です。パートナーや意中の人と盛んにコミュニケーションを取れます。特に月の前半は、意識的にしっかりキャッチボールを重ねていくことで、お互いをより深く知ることができるでしょう。知的活力を活かし、センサーを敏感に立てて、「知ろう」「伝えよう」という意欲を燃やすことがポイントです。愛を探している人は月の前半、誰かの「オマケ」のように一緒に行動することで、意外な出会いが見つかるかもしれません。3日前後、そして17日前後にも、ミラクルな出会いの気配があります。カップルにもこのタイミングで、素敵な進展が起こりそうです。18日以降は遠出した先や旅先、学びの場での出会いが期待できます。

>> **10月 全体の星模様** <<

引き続き、火星が蟹座に位置し、金星は蠍座に入っています。太陽は天秤座で、これらの配置は全て「ちょっと変則的な面が出る」形とされています。エネルギーが暴走したり、タイミングがズレたりと、想定外の展開が多そうですが、そうしたはみ出る部分、過剰な部分がむしろ、物事の可能性を広げてくれます。3日は天秤座での日食、南米などで金環日食が見られます。

MONTHLY
HOROSCOPE

11

NOVEMBER

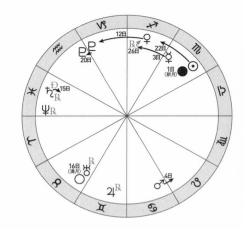

◆**他力のようで、実は自力。**

不思議な勢いに乗れる時です。大きな上昇気流に包み込まれる
ように、期待した以上の方向に状況が好転していきそうです。自
分の力以外のところでうまくいっている、という感じがあるか
もしれませんが、実はあなた自身の意志や情熱、努力が最大の
原動力です。自分からもどんどん発信し、動いて。

◆**何度も訪ねる「目的地」。**

「行くべき場所」があるようです。ここから年明けにかけて、距
離を越えて何度も繰り返し足を運ぶ「目的地」があるはずなの
です。たとえば移住先を探してあちこち見て回るとか、研究テ
ーマのために資料を探して回るなど、なんらかの目的意識をも

って特別な旅をする人が多そうです。あるいは、誰か大切な人に会うため、その人をサポートするために、何度も旅することになるのかもしれません。

◆**お金とモノにまつわる転機。**
11月頭、今一番必要なものを誰かが提供してくれそうです。16日前後、経済活動において驚きの好条件が巡ってきます。

♥**待ちの姿勢ではもったいない、黄金期。**
素晴らしい情熱の季節です。4日から1月頭にかけて、カップルもフリーの人も、熱いロマンスを生きることになるでしょう。特に11月12日までは全方位から追い風が吹き、びっくりするほど恋がうまくいきます。愛を探している人はとにかく行動範囲を広げ、知的好奇心のアンテナを立てて、愛を探してみたい時です。少しアクションを起こしただけで、キラキラのきっかけを掴めます。恋人がいる人は、とにかく率直に愛情を表現して。待ちの姿勢ではもったいない時です。

》》》 11月 全体の星模様 《

火星は4日から1月6日まで獅子座に滞在し、さらに逆行を経て2025年4月18日から6月17日まで長期滞在します。2025年半ばまでの中で、二段階にわたる「勝負」ができる時と言えます。射手座の水星と双子座の木星は、互いに支配星を交換するような「ミューチュアル・リセプション」の位置関係になります。錯綜するニュースがセンセーショナルに注目されそうです。

12

DECEMBER

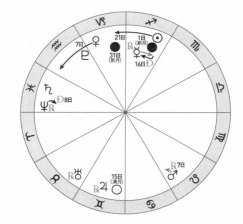

◆距離と時間を超える。

「再訪」の時です。懐かしい場所を訪ねる人、少し早めに帰省する人が多そうです。「人生を少し後戻りするような移動」を通して、新年の新しい目的地が見つかるかもしれません。懐かしい人々とのコミュニケーションが盛り上がる気配も。遠く離れている人ほど、なぜか近くに感じられる年末です。

◆「人」に対する情熱。

「人に恵まれる」時です。このところ、好きなことに打ち込める時間が続いていますが、そのプロセスにおいてともに夢を追いかける相手、情熱を共有できる相手との出会いに恵まれそうです。既にいる友達との関係が、「共に取り組む活動」を通して、

より深く強い結びつきに変わるかもしれません。他者との親密な関係を作ることで世界を広げられます。これ以降、人脈を作ることが生活全体を支配するような、ある種の欲望となる人もいるでしょう。誰かに激しい憧れを抱いたり、「この人になりたい!」という同化の願望が芽生えたりする可能性も。人に対する情熱に火がつきそうです。

♥外部からの風を入れる。

引き続き、情熱の時間の中にあります。この時期は愛の関係が非常にオープンになります。カップルで大勢のパーティーに参加するなど、「二人きり」の関係を敢えて外側に開き、新しい風を入れることができそうです。二人で外に出て行動する中で、相手の新しい表情を発見したり、社会人としての振る舞い方に惚れ直したり、といった変化も起こるでしょう。未来について情熱的に語り合う時間も持てるはずです。愛を探している人は、交友関係の広がりの中できっかけを掴めます。「色々な人と知り合う」ことを心がけて。

》》12月 全体の星模様 《

水星は16日まで射手座で逆行します。「流言飛語による混乱」を感じさせる形です。コミュニケーションや交通機関にまつわる混乱が起こりやすいかもしれません。火のないところにウワサが立って大きくなる時なので「舌禍」に気をつけたいところです。水瓶座入りしたばかりの冥王星に、獅子座の火星が180度でアプライ(接近)します。欲望や戦意が荒ぶる高揚を見せそうです。

月と星で読む
牡羊座 366日のカレンダー

◆ 月の巡りで読む、12種類の日。

　毎日の占いをする際、最も基本的な「時計の針」となる
のが、月の動きです。「今日、月が何座にいるか」がわかれ
ば、今日のあなたの生活の中で、どんなテーマにスポット
ライトが当たっているかがわかります（P.64からの「366
日のカレンダー」に、毎日の月のテーマが書かれています。
🌙マークは新月や満月など、◆マークは星の動きです）。

　本書では、月の位置による「その日のテーマ」を、右の
表のように表しています。

　月は1ヵ月で12星座を一回りするので、一つの星座に2
日半ほど滞在します。ゆえに、右の表の「〇〇の日」は、毎
日変わるのではなく、2日半ほどで切り替わります。

　月が星座から星座へと移動するタイミングが、切り替え
の時間です。この「切り替えの時間」はボイドタイムの終
了時間と同じです。

1. **スタートの日**：物事が新しく始まる日。
「仕切り直し」ができる、フレッシュな雰囲気の日。

2. **お金の日**：経済面・物質面で動きが起こりそうな日。
自分の手で何かを創り出せるかも。

3. **メッセージの日**：素敵なコミュニケーションが生まれる。
外出、勉強、対話の日。待っていた返信が来る。

4. **家の日**：身近な人や家族との関わりが豊かになる。
家事や掃除など、家の中のことをしたくなるかも。

5. **愛の日**：恋愛他、愛全般に追い風が吹く日。
好きなことができる。自分の時間を作れる。

6. **メンテナンスの日**：体調を整えるために休む人も。
調整や修理、整理整頓、実務などに力がこもる。

7. **人に会う日**：文字通り「人に会う」日。
人間関係が活性化する。「提出」のような場面も。

8. **プレゼントの日**：素敵なギフトを受け取れそう。
他人のアクションにリアクションするような日。

9. **旅の日**：遠出することになるか、または、
遠くから人が訪ねてくるかも。専門的学び。

10. **達成の日**：仕事や勉強など、頑張ってきたことについて、
何らかの結果が出るような日。到達。

11. **友だちの日**：交友関係が広がる、賑やかな日。
目指している夢や目標に一歩近づけるかも。

12. **ひみつの日**：自分一人の時間を持てる日。
自分自身としっかり対話できる。

◆ 太陽と月と星々が巡る「ハウス」のしくみ。

　前ページの、月の動きによる日々のテーマは「ハウス」というしくみによって読み取れます。

　「ハウス」は、「世俗のハウス」とも呼ばれる、人生や生活の様々なイベントを読み取る手法です。12星座の一つ一つを「部屋」に見立て、そこに星が出入りすることで、その時間に起こる出来事の意義やなりゆきを読み取ろうとするものです。

　自分の星座が「第1ハウス」で、そこから反時計回りに12まで数字を入れてゆくと、ハウスの完成です。

第1ハウス:「自分」のハウス
第2ハウス:「生産」のハウス
第3ハウス:「コミュニケーション」のハウス
第4ハウス:「家」のハウス
第5ハウス:「愛」のハウス
第6ハウス:「任務」のハウス
第7ハウス:「他者」のハウス
第8ハウス:「ギフト」のハウス
第9ハウス:「旅」のハウス
第10ハウス:「目標と結果」のハウス
第11ハウス:「夢と友」のハウス
第12ハウス:「ひみつ」のハウス

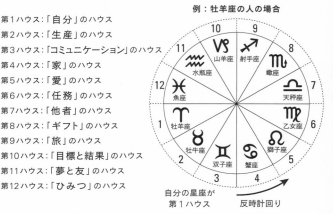

例:牡羊座の人の場合

自分の星座が
第1ハウス

反時計回り

たとえば、今日の月が射手座に位置していたとすると、この日は「第9ハウスに月がある」ということになります。

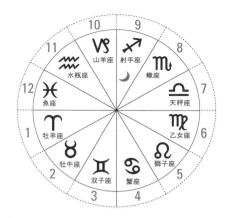

前々ページの「○○の日」の前に打ってある数字は、実はハウスを意味しています。「第9ハウスに月がある」日は、「9. 旅の日」です。

太陽と月、水星から海王星までの惑星、そして準惑星の冥王星が、この12のハウスをそれぞれのスピードで移動していきます。「どの星がどのハウスにあるか」で、その時間のカラーやそのとき起こっていることの意味を、読み解くことができるのです。詳しくは『星読み＋ 2022〜2032年データ改訂版』（幻冬舎コミックス刊）、または『月で読むあしたの星占い』（すみれ書房刊）でどうぞ！

1 · JANUARY ·

1 月
メンテナンスの日
生活や心身の故障部分を修理できる。ケアしたり、されたり。

2 火
メンテナンスの日
生活や心身の故障部分を修理できる。ケアしたり、されたり。
◆水星が「旅」のハウスで順行へ。旅程の混乱や情報の錯綜が正常化する。目的地が見える。

3 水
メンテナンスの日 ▶ 人に会う日　　　　　　　　[ボイド] 08:38〜09:48
「自分の世界」から「外界」へ出るような節目。

4 木
◐人に会う日
人に会ったり、会う約束をしたりする日。出会いの気配も。
◆火星が「目標と結果」のハウスへ。キャリアや社会的立場における「勝負」の季節へ。挑戦の時間。

5 金
人に会う日 ▶ プレゼントの日　　　　　　　　[ボイド] 20:42〜21:41
他者との関係に、さらに一歩踏み込めるように。

6 土
プレゼントの日
人から貴重なものを受け取れる。提案を受ける場面も。

7 日
プレゼントの日
人から貴重なものを受け取れる。提案を受ける場面も。

8 月
プレゼントの日 ▶ 旅の日　　　　　　　　　　[ボイド] 05:24〜06:10
遠い場所との間に、橋が架かり始める。

9 火
旅の日
遠出したり、遠くから人が訪ねてくれたりする日。発信力も増す。

10 水
旅の日 ▶ 達成の日　　　　　　　　　　　　　[ボイド] 03:26〜10:35
意欲が湧く。はっきりした成果が出る時間へ。

11 木
●達成の日
目標に手が届く。結果が出る日。人から認められる場面も。
☽「目標と結果」のハウスで新月。新しいミッションがスタートするとき。目的意識が定まる。

12 金
達成の日 ▶ 友だちの日　　　　　　　　　　　[ボイド] 11:35〜12:03
肩の力が抜け、伸びやかな気持ちになれる。

13 土
友だちの日　　　　　　　　　　　　　　　　　[ボイド] 19:00〜
未来のプランを立てる。友だちと過ごせる。チームワーク。

14 日
友だちの日 ▶ ひみつの日　　　　　　　　　　[ボイド] 〜12:31
ざわめきから少し離れたくなる。自分の時間。
◆水星が「目標と結果」のハウスへ。ここから忙しくなる。新しい課題、ミッション、使命。

15 月
ひみつの日
一人の時間。過去を振り返り、戦略を練る。自分を大事にする。

16 火
ひみつの日 ▶ スタートの日　　　　　　　　　[ボイド] 13:34〜13:50
新しいことを始めやすい時間に切り替わる。

64

17	水	スタートの日 主役の意識で動く。新しい選択肢を選べる。気持ちが切り替わる。
18	木	●スタートの日 ▶ お金の日 　　　　　　　　　　　　[ボイド] 17:04～17:14 物質面・経済活動が活性化する時間に入る。
19	金	お金の日 いわゆる「金運がいい」日。実入りが良く、いい買い物もできそう。
20	土	お金の日 ▶ メッセージの日 　　　　　　　　　　　[ボイド] 22:59～23:00 「動き」が出てくる。コミュニケーションの活性。 ◆太陽が「夢と友」のハウスへ。1年のサイクルの中で「友」「未来」 に目を向ける季節へ。
21	日	メッセージの日 待っていた朗報が届く。勉強が捗る。外に出たくなる日。 ◆冥王星が「夢と友」のハウスへ。ここから2043年頃にかけ、人生 を賭けて夢を追うことができる。
22	月	メッセージの日 待っていた朗報が届く。勉強が捗る。外に出たくなる日。
23	火	メッセージの日 ▶ 家の日 　　　　　　　　　　　　[ボイド] 05:42～06:52 生活環境や身内に目が向かう。原点回帰。 ◆金星が「目標と結果」のハウスへ。目標達成と勲章。気軽に掴め るチャンス。嬉しい配役。
24	水	家の日 「普段の生活」が充実。身内との関係強化。環境改善ができる。
25	木	家の日 ▶ 愛の日 　　　　　　　　　　　　　　　　[ボイド] 08:00～16:38 愛の追い風が吹く。好きなことができる。
26	金	○愛の日 愛について嬉しいことがある。子育て、趣味、創作にも追い風が。 ☽「愛」のハウスで満月。愛が「満ちる」「実る」とき。クリエイティブ な作品の完成。
27	土	[ボイド] 06:21～ 愛について嬉しいことがある。子育て、趣味、創作にも追い風が。 ◆天王星が「生産」のハウスで順行へ。経済的・物質的な条件から 自由になれる。シンプルさ。
28	日	愛の日 ▶ メンテナンスの日 　　　　　　　　　　　[ボイド] ～04:13 「やりたいこと」から「やるべきこと」へのシフト。
29	月	メンテナンスの日 生活や心身の故障部分を修理できる。ケアしたり、されたり。
30	火	メンテナンスの日 ▶ 人に会う日 　　　　　　　　　[ボイド] 08:22～17:06 「自分の世界」から「外界」へ出るような節目。
31	水	人に会う日 人に会ったり、会う約束をしたりする日。出会いの気配も。

2 ·FEBRUARY·

1 木
人に会う日
人に会ったり、会う約束をしたりする日。出会いの気配も。　　　　　　　　　［ボイド］18:05〜

2 金
人に会う日 ▶ プレゼントの日
他者との関係に、さらに一歩踏み込めるように。　　　　　　　　　　　　　　［ボイド］〜05:39

3 土
◑プレゼントの日
人から貴重なものを受け取れる。提案を受ける場面も。

4 日
プレゼントの日 ▶ 旅の日
遠い場所との間に、橋が架かり始める。　　　　　　　　　　　　［ボイド］12:26〜15:30

5 月
旅の日
遠出したり、遠くから人が訪ねてくれたりする日。発信力も増す。
◆水星が「夢と友」のハウスへ。仲間に恵まれる爽やかな季節。友と夢を語れる。新しい計画。

6 火
旅の日 ▶ 達成の日
意欲が湧く。はっきりした成果が出る時間へ。　　　　　　　　　　［ボイド］14:08〜21:10

7 水
達成の日
目標に手が届く。結果が出る日。人から認められる場面も。

8 木
達成の日 ▶ 友だちの日
肩の力が抜け、伸びやかな気持ちになれる。　　　　　　　　　　　［ボイド］16:54〜23:01

9 金
友だちの日
未来のプランを立てる。友だちと過ごせる。チームワーク。

10 土
●友だちの日 ▶ ひみつの日
ざわめきから少し離れたくなる。自分の時間。　　　　　　　　　　［ボイド］08:01〜22:44
☽「夢と友」のハウスで新月。新しい仲間や友に出会えるとき。夢が生まれる。迷いが晴れる。

11 日
ひみつの日
一人の時間。過去を振り返り、戦略を練る。自分を大事にする。

12 月
ひみつの日 ▶ スタートの日
新しいことを始めやすい時間に切り替わる。　　　　　　　　　　　［ボイド］21:33〜22:27

13 火
スタートの日
主役の意識で動く。新しい選択肢を選べる。気持ちが切り替わる。
◆火星が「夢と友」のハウスへ。交友関係やチームワークに「熱」がこもる。夢を叶える勝負。

14 水
スタートの日
主役の意識で動く。新しい選択肢を選べる。気持ちが切り替わる。　　　　　　［ボイド］19:22〜

15 木
スタートの日 ▶ お金の日
物質面・経済活動が活性化する時間に入る。　　　　　　　　　　　　　　［ボイド］〜00:04

16 金
お金の日
いわゆる「金運がいい」日。実入りが良く、いい買い物もできそう。

17	土	●お金の日 ▶ メッセージの日　　　　　　　　　　　　　　　[ボイド] 00:02〜04:41 「動き」が出てくる。コミュニケーションの活性。 ◆金星が「夢と友」のハウスへ。友や仲間との交流が華やかに。「恵み」を受け取れる。
18	日	メッセージの日 待っていた朗報が届く。勉強が捗る。外に出たくなる日。
19	月	メッセージの日 ▶ 家の日　　　　　　　　　　　　　　　　[ボイド] 12:22〜12:26 生活環境や身内に目が向かう。原点回帰。 ◆太陽が「ひみつ」のハウスへ。新しい1年を目前にしての、振り返りと準備の時期。
20	火	家の日 「普段の生活」が充実。身内との関係強化。環境改善ができる。
21	水	家の日 ▶ 愛の日　　　　　　　　　　　　　　　　　　　[ボイド] 15:39〜22:42 愛の追い風が吹く。好きなことができる。
22	木	愛の日 愛について嬉しいことがある。子育て、趣味、創作にも追い風が。
23	金	愛の日　　　　　　　　　　　　　　　　　　　　　　　[ボイド] 13:19〜 愛について嬉しいことがある。子育て、趣味、創作にも追い風が。 ◆水星が「ひみつ」のハウスへ。思考が深まる。思索、瞑想、誰かのための勉強。記録の精査。
24	土	○愛の日 ▶ メンテナンスの日　　　　　　　　　　　　　　[ボイド] 〜10:39 「やりたいこと」から「やるべきこと」へのシフト。 ◑「任務」のハウスで満月。日々の努力や蓄積が「実る」。自他の体調のケアに留意。
25	日	メンテナンスの日 生活や心身の故障部分を修理できる。ケアしたり、されたり。
26	月	メンテナンスの日 ▶ 人に会う日　　　　　　　　　　　　　[ボイド] 16:37〜23:31 「自分の世界」から「外界」へ出るような節目。
27	火	人に会う日 人に会ったり、会う約束をしたりする日。出会いの気配も。
28	水	人に会う日　　　　　　　　　　　　　　　　　　　　　[ボイド] 03:23〜 人に会ったり、会う約束をしたりする日。出会いの気配も。
29	木	人に会う日 ▶ プレゼントの日　　　　　　　　　　　　　　[ボイド] 〜12:11 他者との関係に、さらに一歩踏み込めるように。

3 ·MARCH·

1 金
プレゼントの日
人から貴重なものを受け取れる。提案を受ける場面も。

2 土
プレゼントの日 ▶ 旅の日 　　　　　　　　　　[ボイド] 16:49〜22:58
遠い場所との間に、橋が架かり始める。

3 日
旅の日
遠出したり、遠くから人が訪ねてくれたりする日。発信力も増す。

4 月
◑旅の日
遠出したり、遠くから人が訪ねてくれたりする日。発信力も増す。

5 火
旅の日 ▶ 達成の日 　　　　　　　　　　　[ボイド] 00:42〜06:17
意欲が湧く。はっきりした成果が出る時間へ。

6 水
達成の日
目標に手が届く。結果が出る日。人から認められる場面も。

7 木
達成の日 ▶ 友だちの日 　　　　　　　　　[ボイド] 04:37〜09:40
肩の力が抜け、伸びやかな気持ちになれる。

8 金
友だちの日
未来のプランを立てる。友だちと過ごせる。チームワーク。

9 土
友だちの日 ▶ ひみつの日 　　　　　　　　[ボイド] 03:57〜10:05
ざわめきから少し離れたくなる。自分の時間。

10 日
●ひみつの日
一人の時間。過去を振り返り、戦略を練る。自分を大事にする。
◆水星が「自分」のハウスへ。知的活動が活性化。若々しい気持ち、
行動力。発信力の強化。☽「ひみつ」のハウスで新月。密かな迷い
から解放される。自他を救うための行動を起こす。

11 月
ひみつの日 ▶ スタートの日 　　　　　　　[ボイド] 04:47〜09:21
新しいことを始めやすい時間に切り替わる。

12 火
スタートの日 　　　　　　　　　　　　　　[ボイド] 20:10〜
主役の意識で動く。新しい選択肢を選べる。気持ちが切り替わる。
◆金星が「ひみつ」のハウスへ。これ以降、純粋な愛情から行動で
きる。一人の時間の充実も。

13 水
スタートの日 ▶ お金の日 　　　　　　　　[ボイド] 〜09:30
物質面・経済活動が活性化する時間に入る。

14 木
お金の日
いわゆる「金運がいい」日。実入りが良く、いい買い物もできそう。

15 金
お金の日 ▶ メッセージの日 　　　　　　　[ボイド] 07:31〜12:17
「動き」が出てくる。コミュニケーションの活性。

16 土
メッセージの日
待っていた朗報が届く。勉強が捗る。外に出たくなる日。

17 日
●メッセージの日 ▶ 家の日 　　　　　　　[ボイド] 13:45〜18:42
生活環境や身内に目が向かう。原点回帰。

18	月	家の日 「普段の生活」が充実。身内との関係強化。環境改善ができる。
19	火	家の日 「普段の生活」が充実。身内との関係強化。環境改善ができる。
20	水	家の日 ▶ 愛の日　　　　　　　　　　　　　　[ボイド] 03:54〜04:34 愛の追い風が吹く。好きなことができる。 ◆太陽が「自分」のハウスへ。お誕生月の始まり、新しい1年への 「扉」を開くとき。
21	木	愛の日 愛について嬉しいことがある。子育て、趣味、創作にも追い風が。
22	金	愛の日 ▶ メンテナンスの日　　　　　　　　　[ボイド] 15:36〜16:43 「やりたいこと」から「やるべきこと」へのシフト。
23	土	メンテナンスの日 生活や心身の故障部分を修理できる。ケアしたり、されたり。 ◆火星が「ひみつ」のハウスへ。内なる敵と闘って克服できる時間。 自分の真の強さを知る。
24	日	メンテナンスの日 生活や心身の故障部分を修理できる。ケアしたり、されたり。
25	月	◯メンテナンスの日 ▶ 人に会う日　　　　　　[ボイド] 00:51〜05:39 「自分の世界」から「外界」へ出るような節目。 ☽「他者」のハウスで月食。誰かとの関係が神秘的な「脱皮」を遂 げるかも。努力が報われる。
26	火	人に会う日 人に会ったり、会う約束をしたりする日。出会いの気配も。
27	水	人に会う日 ▶ プレゼントの日　　　　　　　　[ボイド] 08:11〜18:04 他者との関係に、さらに一歩踏み込めるように。
28	木	プレゼントの日 人から貴重なものを受け取れる。提案を受ける場面も。
29	金	プレゼントの日 人から貴重なものを受け取れる。提案を受ける場面も。
30	土	プレゼントの日 ▶ 旅の日　　　　　　　　　　[ボイド] 00:41〜04:53 遠い場所との間に、橋が架かり始める。
31	日	旅の日 遠出したり、遠くから人が訪ねてくれたりする日。発信力も増す。

4 ·APRIL·

1 月 旅の日 ▶ 達成の日　　　　　　　　　　　　　　[ボイド] 09:18〜13:07
意欲が湧く。はっきりした成果が出る時間へ。

2 火 ● 達成の日
目標に手が届く。結果が出る日。人から認められる場面も。
◆水星が「自分」のハウスで逆行開始。立ち止まって「自分」を理解し直す時間へ。

3 水 達成の日 ▶ 友だちの日　　　　　　　　　　　　　[ボイド] 14:42〜18:09
肩の力が抜け、伸びやかな気持ちになれる。

4 木 友だちの日
未来のプランを立てる。友だちと過ごせる。チームワーク。

5 金 友だちの日 ▶ ひみつの日　　　　　　　　　　　　[ボイド] 14:41〜20:14
ざわめきから少し離れたくなる。自分の時間。
◆金星が「自分」のハウスに。あなたの魅力が輝く季節の到来。愛に恵まれる楽しい日々へ。

6 土 ひみつの日
一人の時間。過去を振り返り、戦略を練る。自分を大事にする。

7 日 ひみつの日 ▶ スタートの日　　　　　　　　　　　[ボイド] 17:29〜20:26
新しいことを始めやすい時間に切り替わる。

8 月 スタートの日
主役の意識で動く。新しい選択肢を選べる。気持ちが切り替わる。

9 火 ● スタートの日 ▶ お金の日　　　　　　　　　　　[ボイド] 11:40〜20:25
物質面・経済活動が活性化する時間に入る。
◑「自分」のハウスで日食。非常に長い物語の、劇的な幕開け。「生まれかわる」体験。

10 水 お金の日
いわゆる「金運がいい」日。実入りが良く、いい買い物もできそう。

11 木 お金の日 ▶ メッセージの日　　　　　　　　　　　[ボイド] 19:06〜22:00
「動き」が出てくる。コミュニケーションの活性。

12 金 メッセージの日
待っていた朗報が届く。勉強が捗る。外に出たくなる日。

13 土 メッセージの日　　　　　　　　　　　　　　　　[ボイド] 23:48〜
待っていた朗報が届く。勉強が捗る。外に出たくなる日。

14 日 メッセージの日 ▶ 家の日　　　　　　　　　　　　[ボイド] 〜02:47
生活環境や身内に目が向かう。原点回帰。

15 月 家の日
「普段の生活」が充実。身内との関係強化。環境改善ができる。

16 火 ● 家の日 ▶ 愛の日　　　　　　　　　　　　　　[ボイド] 08:24〜11:26
愛の追い風が吹く。好きなことができる。

17 水	愛の日	
	愛について嬉しいことがある。子育て、趣味、創作にも追い風が。	

18 木	愛の日 ▶ メンテナンスの日	[ボイド] 21:04〜23:12
	「やりたいこと」から「やるべきこと」へのシフト。	

19 金	メンテナンスの日
	生活や心身の故障部分を修理できる。ケアしたり、されたり。
	◆太陽が「生産」のハウスへ。1年のサイクルの中で「物質的・経済的土台」を整備する。

20 土	メンテナンスの日
	生活や心身の故障部分を修理できる。ケアしたり、されたり。

21 日	メンテナンスの日 ▶ 人に会う日	[ボイド] 09:21〜12:10
	「自分の世界」から「外界」へ出るような節目。	

22 月	人に会う日
	人に会ったり、会う約束をしたりする日。出会いの気配も。

23 火	人に会う日	[ボイド] 08:26〜
	人に会ったり、会う約束をしたりする日。出会いの気配も。	

24 水	○人に会う日 ▶ プレゼントの日	[ボイド] 〜00:21
	他者との関係に、さらに一歩踏み込めるように。	
	☽「ギフト」のハウスで満月。人から「満を持して」手渡されるものがある。他者との融合。	

25 木	プレゼントの日
	人から貴重なものを受け取れる。提案を受ける場面も。
	◆水星が「自分」のハウスで順行へ。不調や停滞感からの解放、始動。考えがまとまる。

26 金	プレゼントの日 ▶ 旅の日	[ボイド] 08:18〜10:39
	遠い場所との間に、橋が架かり始める。	

27 土	旅の日
	遠出したり、遠くから人が訪ねてくれたりする日。発信力も増す。

28 日	旅の日 ▶ 達成の日	[ボイド] 16:33〜18:39
	意欲が湧く。はっきりした成果が出る時間へ。	

29 月	達成の日
	目標に手が届く。結果が出る日。人から認められる場面も。
	◆金星が「生産」のハウスへ。経済活動の活性化、上昇気流。物質的豊かさの開花。

30 火	達成の日
	目標に手が届く。結果が出る日。人から認められる場面も。

5 ・MAY・

1	水	●達成の日 ▶ 友だちの日 　　　　　　　　　　　　　［ボイド］00:20〜00:21 肩の力が抜け、伸びやかな気持ちになれる。 ◆火星が「自分」のハウスへ。熱い自己変革の季節へ。勝負、挑戦。自分から動きたくなる。
2	木	友だちの日 　　　　　　　　　　　　　　　　　　　［ボイド］18:30〜 未来のプランを立てる。友だちと過ごせる。チームワーク。
3	金	友だちの日 ▶ ひみつの日 　　　　　　　　　　　　　［ボイド］〜03:53 ざわめきから少し離れたくなる。自分の時間。 ◆冥王星が「夢と友」のハウスで逆行開始。夢や希望の「裏側」に目を向け始める。
4	土	ひみつの日 一人の時間。過去を振り返り、戦略を練る。自分を大事にする。
5	日	ひみつの日 ▶ スタートの日 　　　　　　　　　　　　［ボイド］04:08〜05:42 新しいことを始めやすい時間に切り替わる。
6	月	スタートの日 　　　　　　　　　　　　　　　　　　　［ボイド］14:59〜 主役の意識で動く。新しい選択肢を選べる。気持ちが切り替わる。
7	火	スタートの日 ▶ お金の日 　　　　　　　　　　　　　［ボイド］〜06:44 物質面・経済活動が活性化する時間に入る。
8	水	●お金の日 いわゆる「金運がいい」日。実入りが良く、いい買い物もできそう。 ◗「生産」のハウスで新月。新しい経済活動をスタートさせる。新しいものを手に入れる。
9	木	お金の日 ▶ メッセージの日 　　　　　　　　　　　　［ボイド］06:57〜08:22 「動き」が出てくる。コミュニケーションの活性。
10	金	メッセージの日 待っていた朗報が届く。勉強が捗る。外に出たくなる日。
11	土	メッセージの日 ▶ 家の日 　　　　　　　　　　　　　［ボイド］10:51〜12:15 生活環境や身内に目が向かう。原点回帰。
12	日	家の日 「普段の生活」が充実。身内との関係強化。環境改善ができる。
13	月	家の日 ▶ 愛の日 　　　　　　　　　　　　　　　　　［ボイド］18:14〜19:38 愛の追い風が吹く。好きなことができる。
14	火	愛の日 愛について嬉しいことがある。子育て、趣味、創作にも追い風が。
15	水	●愛の日 愛について嬉しいことがある。子育て、趣味、創作にも追い風が。
16	木	愛の日 ▶ メンテナンスの日 　　　　　　　　　　　　［ボイド］01:42〜06:34 「やりたいこと」から「やるべきこと」へのシフト。 ◆水星が「生産」のハウスへ。経済活動に知性を活かす。情報収集、経営戦略。在庫整理。

17 金 メンテナンスの日
生活や心身の故障部分を修理できる。ケアしたり、されたり。

18 土 メンテナンスの日 ▶ 人に会う日　　　　　　　[ボイド] 18:10〜19:24
「自分の世界」から「外界」へ出るような節目。

19 日 人に会う日
人に会ったり、会う約束をしたりする日。出会いの気配も。

20 月 人に会う日　　　　　　　　　　　　　　　[ボイド] 00:50〜
人に会ったり、会う約束をしたりする日。出会いの気配も。
◆太陽が「コミュニケーション」のハウスへ。1年のサイクルの中で
コミュニケーションを繋ぎ直すとき。

21 火 人に会う日 ▶ プレゼントの日　　　　　　　[ボイド] 〜07:36
他者との関係に、さらに一歩踏み込めるように。

22 水 プレゼントの日
人から貴重なものを受け取れる。提案を受ける場面も。

23 木 ◯ プレゼントの日 ▶ 旅の日　　　　　　　[ボイド] 16:30〜17:26
遠い場所との間に、橋が架かり始める。
☽「旅」のハウスで満月。遠い場所への扉が「満を持して」開かれる。
遠くまで声が届く。

24 金 旅の日
遠出したり、遠くから人が訪ねてくれたりする日。発信力も増す。
◆金星が「コミュニケーション」のハウスへ。喜びある学び、対話、
外出。言葉による優しさ、愛の伝達。

25 土 旅の日　　　　　　　　　　　　　　　　　[ボイド] 23:49〜
遠出したり、遠くから人が訪ねてくれたりする日。発信力も増す。

26 日 旅の日 ▶ 達成の日　　　　　　　　　　　[ボイド] 〜00:37
意欲が湧く。はっきりした成果が出る時間へ。
◆木星が「コミュニケーション」のハウスへ。コミュニケーションや教
養に関する1年間の成長期に入る。

27 月 達成の日
目標に手が届く。結果が出る日。人から認められる場面も。

28 火 達成の日 ▶ 友だちの日　　　　　　　　　[ボイド] 05:04〜05:46
肩の力が抜け、伸びやかな気持ちになれる。

29 水 友だちの日　　　　　　　　　　　　　　　[ボイド] 23:22〜
未来のプランを立てる。友だちと過ごせる。チームワーク。

30 木 友だちの日 ▶ ひみつの日　　　　　　　　[ボイド] 〜09:34
ざわめきから少し離れたくなる。自分の時間。

31 金 ◑ ひみつの日
一人の時間。過去を振り返り、戦略を練る。自分を大事にする。

6 ·JUNE·

1	土	ひみつの日 ▶ スタートの日 [ボイド] 11:56〜12:30 新しいことを始めやすい時間に切り替わる。
2	日	スタートの日 主役の意識で動く。新しい選択肢を選べる。気持ちが切り替わる。
3	月	スタートの日 ▶ お金の日 [ボイド] 07:05〜14:57 物質面・経済活動が活性化する時間に入る。 ◆水星が「コミュニケーション」のハウスへ。知的活動の活性化、コミュニケーションの進展。学習の好機。
4	火	お金の日 いわゆる「金運がいい」日。実入りが良く、いい買い物もできそう。
5	水	お金の日 ▶ メッセージの日 [ボイド] 17:11〜17:38 「動き」が出てくる。コミュニケーションの活性。
6	木	●メッセージの日 待っていた朗報が届く。勉強が捗る。外に出たくなる日。 ☽「コミュニケーション」のハウスで新月。新しいコミュニケーションが始まる。学び始める。朗報も。
7	金	メッセージの日 ▶ 家の日 [ボイド] 21:17〜21:43 生活環境や身内に目が向かう。原点回帰。
8	土	家の日 「普段の生活」が充実。身内との関係強化。環境改善ができる。
9	日	家の日 「普段の生活」が充実。身内との関係強化。環境改善ができる。 ◆火星が「生産」のハウスへ。ほてりが収まって地に足がつく。経済的な「勝負」も。
10	月	家の日 ▶ 愛の日 [ボイド] 04:07〜04:30 愛の追い風が吹く。好きなことができる。
11	火	愛の日 愛について嬉しいことがある。子育て、趣味、創作にも追い風が。
12	水	愛の日 ▶ メンテナンスの日 [ボイド] 04:18〜14:40 「やりたいこと」から「やるべきこと」へのシフト。
13	木	メンテナンスの日 生活や心身の故障部分を修理できる。ケアしたり、されたり。
14	金	◐メンテナンスの日 生活や心身の故障部分を修理できる。ケアしたり、されたり。
15	土	メンテナンスの日 ▶ 人に会う日 [ボイド] 02:55〜03:14 「自分の世界」から「外界」へ出るような節目。
16	日	人に会う日 人に会ったり、会う約束をしたりする日。出会いの気配も。

17	月	人に会う日 ▶ プレゼントの日　　　　　　　　　　　[ボイド] 15:06〜15:40 他者との関係に、さらに一歩踏み込めるように。 ◆金星が「家」のハウスへ。身近な人とのあたたかな交流。愛着。居場所を美しくする。◆水星が「家」のハウスへ。来訪者。身近な人との対話。若々しい風が居場所に吹き込む。
18	火	プレゼントの日 人から貴重なものを受け取れる。提案を受ける場面も。
19	水	プレゼントの日 人から貴重なものを受け取れる。提案を受ける場面も。
20	木	プレゼントの日 ▶ 旅の日　　　　　　　　　　　　　[ボイド] 01:21〜01:33 遠い場所との間に、橋が架かり始める。
21	金	旅の日 遠出したり、遠くから人が訪ねてくれたりする日。発信力も増す。 ◆太陽が「家」のハウスへ。1年のサイクルの中で「居場所・家・心」を整備し直すとき。
22	土	○旅の日 ▶ 達成の日　　　　　　　　　　　　　　　[ボイド] 08:00〜08:10 意欲が湧く。はっきりした成果が出る時間へ。 ☽「目標と結果」のハウスで満月。目標達成のとき。社会的立場が一段階上がるような節目。
23	日	達成の日 目標に手が届く。結果が出る日。人から認められる場面も。
24	月	達成の日 ▶ 友だちの日　　　　　　　　　　　　　[ボイド] 12:07〜12:16 肩の力が抜け、伸びやかな気持ちになれる。
25	火	友だちの日 未来のプランを立てる。友だちと過ごせる。チームワーク。
26	水	友だちの日 ▶ ひみつの日　　　　　　　　　　　　[ボイド] 07:31〜15:09 ざわめきから少し離れたくなる。自分の時間。
27	木	ひみつの日 一人の時間。過去を振り返り、戦略を練る。自分を大事にする。
28	金	ひみつの日 ▶ スタートの日　　　　　　　　　　　[ボイド] 17:46〜17:54 新しいことを始めやすい時間に切り替わる。
29	土	◐スタートの日 主役の意識で動く。新しい選択肢を選べる。気持ちが切り替わる。
30	日	スタートの日 ▶ お金の日　　　　　　　　　　　　[ボイド] 13:58〜21:02 物質面・経済活動が活性化する時間に入る。 ◆土星が「ひみつ」のハウスで逆行開始。行き詰まった仮説のいくつかをリリースできる。

7 ·JULY·

1 月
お金の日
いわゆる「金運がいい」日。実入りが良く、いい買い物もできそう。

2 火
お金の日
いわゆる「金運がいい」日。実入りが良く、いい買い物もできそう。◆海王星が「ひみつ」のハウスで逆行開始。水底に光る星を見つけに潜水し始めるようなとき。◆水星が「愛」のハウスへ。愛に関する学び、教育。若々しい創造性、遊び。知的創造。

3 水
お金の日 ▶ メッセージの日　　　　　　　　　　[ボイド] 00:45〜00:52
「動き」が出てくる。コミュニケーションの活性。

4 木
メッセージの日
待っていた朗報が届く。勉強が捗る。外に出たくなる日。

5 金
メッセージの日 ▶ 家の日　　　　　　　　　　[ボイド] 05:45〜05:53
生活環境や身内に目が向かう。原点回帰。

6 土
●家の日
「普段の生活」が充実。身内との関係強化。環境改善ができる。☽「家」のハウスで新月。心の置き場所が新たに定まる。日常に新しい風が吹き込む。

7 日
家の日 ▶ 愛の日　　　　　　　　　　　　　　[ボイド] 12:49〜12:57
愛の追い風が吹く。好きなことができる。

8 月
愛の日
愛について嬉しいことがある。子育て、趣味、創作にも追い風が。

9 火
愛の日 ▶ メンテナンスの日　　　　　　　　　[ボイド] 15:05〜22:49
「やりたいこと」から「やるべきこと」へのシフト。

10 水
メンテナンスの日
生活や心身の故障部分を修理できる。ケアしたり、されたり。

11 木
メンテナンスの日
生活や心身の故障部分を修理できる。ケアしたり、されたり。

12 金
メンテナンスの日 ▶ 人に会う日　　　　　　　[ボイド] 10:57〜11:08
「自分の世界」から「外界」へ出るような節目。◆金星が「愛」のハウスへ。華やかな愛の季節の始まり。創造的活動への強い追い風。

13 土
人に会う日
人に会ったり、会う約束をしたりする日。出会いの気配も。

14 日
●人に会う日 ▶ プレゼントの日　　　　　　　[ボイド] 07:50〜23:54
他者との関係に、さらに一歩踏み込めるように。

15 月
プレゼントの日
人から貴重なものを受け取れる。提案を受ける場面も。

16 火
プレゼントの日
人から貴重なものを受け取れる。提案を受ける場面も。

17 水	プレゼントの日 ▶ 旅の日	［ボイド］10:12〜10:26
	遠い場所との間に、橋が架かり始める。	

18 木
旅の日
遠出したり、遠くから人が訪ねてくれたりする日。発信力も増す。

19 金 旅の日 ▶ 達成の日 ［ボイド］17:00〜17:15
意欲が湧く。はっきりした成果が出る時間へ。

20 土 達成の日
目標に手が届く。結果が出る日。人から認められる場面も。

21 日
○達成の日 ▶ 友だちの日 ［ボイド］20:28〜20:45
肩の力が抜け、伸びやかな気持ちになれる。
◆火星が「コミュニケーション」のハウスに。熱いコミュニケーション、議論。向学心。外に出て動く日々へ。☽「目標と結果」のハウスで満月。目標達成のとき。社会的立場が一段階上がるような節目。

22 月
友だちの日
未来のプランを立てる。友だちと過ごせる。チームワーク。
◆太陽が「愛」のハウスへ。1年のサイクルの中で「愛・喜び・創造性」を再生するとき。

23 火 友だちの日 ▶ ひみつの日 ［ボイド］19:00〜22:25
ざわめきから少し離れたくなる。自分の時間。

24 水 ひみつの日
一人の時間。過去を振り返り、戦略を練る。自分を大事にする。

25 木 ひみつの日 ▶ スタートの日 ［ボイド］23:33〜23:54
新しいことを始めやすい時間に切り替わる。

26 金
スタートの日
主役の意識で動く。新しい選択肢を選べる。気持ちが切り替わる。
◆水星が「任務」のハウスへ。日常生活の整理、整備。健康チェック。心身の調律。

27 土 スタートの日 ［ボイド］07:16〜
主役の意識で動く。新しい選択肢を選べる。気持ちが切り替わる。

28 日 ◑ スタートの日 ▶ お金の日 ［ボイド］〜02:24
物質面・経済活動が活性化する時間に入る。

29 月 お金の日
いわゆる「金運がいい」日。実入りが良く、いい買い物もできそう。

30 火 お金の日 ▶ メッセージの日 ［ボイド］06:01〜06:29
「動き」が出てくる。コミュニケーションの活性。

31 水 メッセージの日
待っていた朗報が届く。勉強が捗る。外に出たくなる日。

8 ·AUGUST·

1 木
メッセージの日 ▶ 家の日 　　　　　　　　　　　[ボイド] 11:48〜12:21
生活環境や身内に目が向かう。原点回帰。

2 金
家の日
「普段の生活」が充実。身内との関係強化。環境改善ができる。

3 土
家の日 ▶ 愛の日 　　　　　　　　　　　　　　[ボイド] 19:33〜20:11
愛の追い風が吹く。好きなことができる。

4 日
●愛の日
愛について嬉しいことがある。子育て、趣味、創作にも追い風が。
◔「愛」のハウスで新月。愛が「生まれる」ようなタイミング。大切な
ものと結びつく。

5 月
愛の日
愛について嬉しいことがある。子育て、趣味、創作にも追い風が。
◆金星が「任務」のハウスへ。美しい生活スタイルの実現。美のた
めの習慣。楽しい仕事。◆水星が「任務」のハウスで逆行開始。生
活態度の見直し、責任範囲の再構築。修理。

6 火
愛の日 ▶ メンテナンスの日 　　　　　　　　　[ボイド] 00:18〜06:18
「やりたいこと」から「やるべきこと」へのシフト。

7 水
メンテナンスの日
生活や心身の故障部分を修理できる。ケアしたり、されたり。

8 木
メンテナンスの日 ▶ 人に会う日 　　　　　　　[ボイド] 17:42〜18:33
「自分の世界」から「外界」へ出るような節目。

9 金
人に会う日
人に会ったり、会う約束をしたりする日。出会いの気配も。

10 土
人に会う日 　　　　　　　　　　　　　　　　[ボイド] 06:46〜
人に会ったり、会う約束をしたりする日。出会いの気配も。

11 日
人に会う日 ▶ プレゼントの日 　　　　　　　　[ボイド] 〜07:35
他者との関係に、さらに一歩踏み込めるように。

12 月
プレゼントの日
人から貴重なものを受け取れる。提案を受ける場面も。

13 火
◑プレゼントの日 ▶ 旅の日 　　　　　　　　　[ボイド] 18:03〜19:02
遠い場所との間に、橋が架かり始める。

14 水
旅の日
遠出したり、遠くから人が訪ねてくれたりする日。発信力も増す。

15 木
旅の日
遠出したり、遠くから人が訪ねてくれたりする日。発信力も増す。
◆逆行中の水星が「愛」のハウスに。「愛の見直し」「作品の手直し」
をするような時間へ。

16 金
旅の日 ▶ 達成の日 　　　　　　　　　　　　　[ボイド] 01:54〜02:53
意欲が湧く。はっきりした成果が出る時間へ。

17	土	達成の日 目標に手が届く。結果が出る日。人から認められる場面も。
18	日	達成の日 ▶ 友だちの日 　　　　　　　　　　[ボイド] 05:45〜06:46 肩の力が抜け、伸びやかな気持ちになれる。
19	月	友だちの日 未来のプランを立てる。友だちと過ごせる。チームワーク。
20	火	○友だちの日 ▶ ひみつの日 　　　　　　　　[ボイド] 03:27〜07:53 ざわめきから少し離れたくなる。自分の時間。 🌙「夢と友」のハウスで満月。希望してきた条件が整う。友や仲間への働きかけが「実る」。
21	水	ひみつの日 一人の時間。過去を振り返り、戦略を練る。自分を大事にする。
22	木	ひみつの日 ▶ スタートの日 　　　　　　　　[ボイド] 06:56〜08:03 新しいことを始めやすい時間に切り替わる。 ◆太陽が「任務」のハウスへ。1年のサイクルの中で「健康・任務・日常」を再構築するとき。
23	金	スタートの日 　　　　　　　　　　　　　　　[ボイド] 21:46〜 主役の意識で動く。新しい選択肢を選べる。気持ちが切り替わる。
24	土	スタートの日 ▶ お金の日 　　　　　　　　　[ボイド] 〜09:02 物質面・経済活動が活性化する時間に入る。
25	日	お金の日 いわゆる「金運がいい」日。実入りが良く、いい買い物もできそう。
26	月	◐お金の日 ▶ メッセージの日 　　　　　　　[ボイド] 10:42〜12:06 「動き」が出てくる。コミュニケーションの活性。
27	火	メッセージの日 待っていた朗報が届く。勉強が捗る。外に出たくなる日。
28	水	メッセージの日 ▶ 家の日 　　　　　　　　　[ボイド] 16:15〜17:49 生活環境や身内に目が向かう。原点回帰。
29	木	家の日 「普段の生活」が充実。身内との関係強化。環境改善ができる。 ◆水星が「愛」のハウスで順行へ。愛や創造的活動の「前進再開」。発言力が強まる。◆金星が「他者」のハウスへ。人間関係から得られる喜び。愛あるパートナーシップ。
30	金	家の日 「普段の生活」が充実。身内との関係強化。環境改善ができる。
31	土	家の日 ▶ 愛の日 　　　　　　　　　　　　　[ボイド] 00:26〜02:11 愛の追い風が吹く。好きなことができる。

9 •SEPTEMBER•

1	日	愛の日 愛について嬉しいことがある。子育て、趣味、創作にも追い風が。
2	月	愛の日 ▶ メンテナンスの日　［ボイド］09:27〜12:50 「やりたいこと」から「やるべきこと」へのシフト。 ◆天王星が「生産」のハウスで逆行開始。経済的なしがらみからの離脱への活動再開。◆逆行中の冥王星が「目標と結果」のハウスへ。2008年頃からのキャリアの激変を捉え直す時間に入る。
3	火	●メンテナンスの日 生活や心身の故障部分を修理できる。ケアしたり、されたり。 ☽「任務」のハウスで新月。新しい生活習慣、新しい任務がスタートするとき。体調の調整。
4	水	メンテナンスの日 生活や心身の故障部分を修理できる。ケアしたり、されたり。
5	木	メンテナンスの日 ▶ 人に会う日　［ボイド］01:08〜01:13 「自分の世界」から「外界」へ出るような節目。 ◆火星が「家」のハウスへ。居場所を「動かす」時期。環境変化、引越、家族との取り組み。
6	金	人に会う日 人に会ったり、会う約束をしたりする日。出会いの気配も。
7	土	人に会う日 ▶ プレゼントの日　［ボイド］14:10〜14:20 他者との関係に、さらに一歩踏み込めるように。
8	日	プレゼントの日 人から貴重なものを受け取れる。提案を受ける場面も。
9	月	プレゼントの日 人から貴重なものを受け取れる。提案を受ける場面も。 ◆再び水星が「任務」のハウスへ。コンディションが上向きに。雑務もさくさく片付きそう。
10	火	プレゼントの日 ▶ 旅の日　［ボイド］02:13〜02:27 遠い場所との間に、橋が架かり始める。
11	水	◐旅の日 遠出したり、遠くから人が訪ねてくれたりする日。発信力も増す。
12	木	旅の日 ▶ 達成の日　［ボイド］09:22〜11:39 意欲が湧く。はっきりした成果が出る時間へ。
13	金	達成の日 目標に手が届く。結果が出る日。人から認められる場面も。
14	土	達成の日 ▶ 友だちの日　［ボイド］16:36〜16:55 肩の力が抜け、伸びやかな気持ちになれる。
15	日	友だちの日 未来のプランを立てる。友だちと過ごせる。チームワーク。

| 16 | 月 | 友だちの日 ▶ ひみつの日　　　　　　　　　　[ボイド] 14:06〜18:41 |
| | | ざわめきから少し離れたくなる。自分の時間。 |

| 17 | 火 | ひみつの日 |
| | | 一人の時間。過去を振り返り、戦略を練る。自分を大事にする。 |

18	水	○ ひみつの日 ▶ スタートの日　　　　　　　　　[ボイド] 18:04〜18:26
		新しいことを始めやすい時間に切り替わる。
		☽「ひみつ」のハウスで月食。心の中で不思議な「解放」が起こりそう。精神的脱皮。

| 19 | 木 | スタートの日 |
| | | 主役の意識で動く。新しい選択肢を選べる。気持ちが切り替わる。 |

| 20 | 金 | スタートの日 ▶ お金の日　　　　　　　　　　　[ボイド] 17:40〜18:04 |
| | | 物質面・経済活動が活性化する時間に入る。 |

| 21 | 土 | お金の日 |
| | | いわゆる「金運がいい」日。実入りが良く、いい買い物もできそう。 |

22	日	お金の日 ▶ メッセージの日　　　　　　　　　　[ボイド] 19:16〜19:26
		「動き」が出てくる。コミュニケーションの活性。
		◆太陽が「他者」のハウスへ。1年のサイクルの中で人間関係を「結び直す」とき。

23	月	メッセージの日
		待っていた朗報が届く。勉強が捗る。外に出たくなる日。
		◆金星が「ギフト」のハウスへ。欲望の解放と調整、他者への要求、他者からの要求。甘え。

| 24 | 火 | メッセージの日 ▶ 家の日　　　　　　　　　　　[ボイド] 21:01〜23:52 |
| | | 生活環境や身内に目が向かう。原点回帰。 |

| 25 | 水 | ◑ 家の日 |
| | | 「普段の生活」が充実。身内との関係強化。環境改善ができる。 |

26	木	家の日
		「普段の生活」が充実。身内との関係強化。環境改善ができる。
		◆水星が「他者」のハウスへ。正面から向き合う対話。調整のための交渉。若い人との出会い。

| 27 | 金 | 家の日 ▶ 愛の日　　　　　　　　　　　　　　　[ボイド] 07:14〜07:49 |
| | | 愛の追い風が吹く。好きなことができる。 |

| 28 | 土 | 愛の日 |
| | | 愛について嬉しいことがある。子育て、趣味、創作にも追い風が。 |

| 29 | 日 | 愛の日 ▶ メンテナンスの日　　　　　　　　　　[ボイド] 12:37〜18:43 |
| | | 「やりたいこと」から「やるべきこと」へのシフト。 |

| 30 | 月 | メンテナンスの日 |
| | | 生活や心身の故障部分を修理できる。ケアしたり、されたり。 |

10 ·OCTOBER·

1 火 メンテナンスの日
生活や心身の故障部分を修理できる。ケアしたり、されたり。

2 水 メンテナンスの日 ▶ 人に会う日 ［ボイド］06:41〜07:21
「自分の世界」から「外界」へ出るような節目。

3 木 ●人に会う日
人に会ったり、会う約束をしたりする日。出会いの気配も。
◑「他者」のハウスで日食。誰かとの一対一の関係が、ミラクルな「再生」を遂げる。

4 金 人に会う日 ▶ プレゼントの日 ［ボイド］19:42〜20:24
他者との関係に、さらに一歩踏み込めるように。

5 土 プレゼントの日
人から貴重なものを受け取れる。提案を受ける場面も。

6 日 プレゼントの日
人から貴重なものを受け取れる。提案を受ける場面も。

7 月 プレゼントの日 ▶ 旅の日 ［ボイド］07:54〜08:36
遠い場所との間に、橋が架かり始める。

8 火 旅の日
遠出したり、遠くから人が訪ねてくれたりする日。発信力も増す。

9 水 旅の日 ▶ 達成の日 ［ボイド］14:55〜18:40
意欲が湧く。はっきりした成果が出る時間へ。
◆木星が「コミュニケーション」のハウスで逆行開始。拡大してきたコミュニケーションが「熟成」期へ。

10 木 達成の日
目標に手が届く。結果が出る日。人から認められる場面も。

11 金 ●達成の日
目標に手が届く。結果が出る日。人から認められる場面も。

12 土 達成の日 ▶ 友だちの日 ［ボイド］00:55〜01:33
肩の力が抜け、伸びやかな気持ちになれる。
◆冥王星が「目標と結果」のハウスで順行へ。社会的野心の解放、「欲」の方向性が定まる。

13 日 友だちの日 ［ボイド］23:12〜
未来のプランを立てる。友だちと過ごせる。チームワーク。

14 月 友だちの日 ▶ ひみつの日 ［ボイド］〜04:57
ざわめきから少し離れたくなる。自分の時間。
◆水星が「ギフト」のハウスへ。利害のマネジメント。コンサルテーション。カウンセリング。

15 火 ひみつの日
一人の時間。過去を振り返り、戦略を練る。自分を大事にする。

16 水　ひみつの日 ▶ スタートの日　　　　　　　　　　　　［ボイド］05:02～05:36
新しいことを始めやすい時間に切り替わる。

17 木　○スタートの日
主役の意識で動く。新しい選択肢を選べる。気持ちが切り替わる。
☽「自分」のハウスで満月。現在の自分を受け入れられる。誰かに受け入れてもらえる。

18 金　スタートの日 ▶ お金の日　　　　　　　　　　　　　［ボイド］04:28～05:01
物質面・経済活動が活性化する時間に入る。
◆金星が「旅」のハウスへ。楽しい旅の始まり、旅の仲間。研究の果実。距離を越える愛。

19 土　お金の日
いわゆる「金運がいい」日。実入りが良く、いい買い物もできそう。

20 日　お金の日 ▶ メッセージの日　　　　　　　　　　　［ボイド］04:35～05:09
「動き」が出てくる。コミュニケーションの活性。

21 月　メッセージの日
待っていた朗報が届く。勉強が捗る。外に出たくなる日。

22 火　メッセージの日 ▶ 家の日　　　　　　　　　　　　　［ボイド］06:02～07:51
生活環境や身内に目が向かう。原点回帰。

23 水　家の日
「普段の生活」が充実。身内との関係強化。環境改善ができる。
◆太陽が「ギフト」のハウスへ。1年のサイクルの中で経済的授受のバランスを見直すとき。

24 木　◑家の日 ▶ 愛の日　　　　　　　　　　　　　　　　［ボイド］13:49～14:26
愛の追い風が吹く。好きなことができる。

25 金　愛の日
愛について嬉しいことがある。子育て、趣味、創作にも追い風が。

26 土　愛の日　　　　　　　　　　　　　　　　　　　　　　　［ボイド］17:05～
愛について嬉しいことがある。子育て、趣味、創作にも追い風が。

27 日　愛の日 ▶ メンテナンスの日　　　　　　　　　　　　［ボイド］～00:49
「やりたいこと」から「やるべきこと」へのシフト。

28 月　メンテナンスの日
生活や心身の故障部分を修理できる。ケアしたり、されたり。

29 火　メンテナンスの日 ▶ 人に会う日　　　　　　　　　　［ボイド］12:56～13:31
「自分の世界」から「外界」へ出るような節目。

30 水　人に会う日
人に会ったり、会う約束をしたりする日。出会いの気配も。

31 木　人に会う日
人に会ったり、会う約束をしたりする日。出会いの気配も。

11 ・NOVEMBER・

1	金	●人に会う日▶プレゼントの日　［ボイド］01:59〜02:31 他者との関係に、さらに一歩踏み込めるように。 ☽「ギフト」のハウスで新月。心の扉を開く。誰かに導かれての経験。ギフトから始まること。
2	土	プレゼントの日 人から貴重なものを受け取れる。提案を受ける場面も。
3	日	プレゼントの日▶旅の日　［ボイド］13:53〜14:21 遠い場所との間に、橋が架かり始める。 ◆水星が「旅」のハウスへ。軽やかな旅立ち。勉強や研究に追い風が。導き手に恵まれる。
4	月	旅の日 遠出したり、遠くから人が訪ねてくれたりする日。発信力も増す。 ◆火星が「愛」のハウスへ。情熱的な愛、積極的自己表現。愛と理想のための戦い。
5	火	旅の日　［ボイド］19:25〜 遠出したり、遠くから人が訪ねてくれたりする日。発信力も増す。
6	水	旅の日▶達成の日　［ボイド］〜00:19 意欲が湧く。はっきりした成果が出る時間へ。
7	木	達成の日 目標に手が届く。結果が出る日。人から認められる場面も。
8	金	達成の日▶友だちの日　［ボイド］07:39〜07:59 肩の力が抜け、伸びやかな気持ちになれる。
9	土	◐友だちの日 未来のプランを立てる。友だちと過ごせる。チームワーク。
10	日	友だちの日▶ひみつの日　［ボイド］09:25〜13:02 ざわめきから少し離れたくなる。自分の時間。
11	月	ひみつの日 一人の時間。過去を振り返り、戦略を練る。自分を大事にする。
12	火	ひみつの日▶スタートの日　［ボイド］15:15〜15:27 新しいことを始めやすい時間に切り替わる。 ◆金星が「目標と結果」のハウスへ。目標達成と勲章。気軽に掴めるチャンス。嬉しい配役。
13	水	スタートの日 主役の意識で動く。新しい選択肢を選べる。気持ちが切り替わる。
14	木	スタートの日▶お金の日　［ボイド］15:52〜16:01 物質面・経済活動が活性化する時間に入る。
15	金	お金の日 いわゆる「金運がいい」日。実入りが良く、いい買い物もできそう。 ◆土星が「ひみつ」のハウスで順行へ。深い内省のプロセスが前進する。孤独感の肯定、自信。

16 土	◯お金の日 ▶ メッセージの日	[ボイド] 16:04〜16:10
	「動き」が出てくる。コミュニケーションの活性。	
	☽「生産」のハウスで満月。経済的・物質的な努力が実り、収穫が得られる。豊かさ、満足。	
17 日	メッセージの日	
	待っていた朗報が届く。勉強が捗る。外に出たくなる日。	
18 月	メッセージの日 ▶ 家の日	[ボイド] 13:10〜17:51
	生活環境や身内に目が向かう。原点回帰。	
19 火	家の日	
	「普段の生活」が充実。身内との関係強化。環境改善ができる。	
20 水	家の日 ▶ 愛の日	[ボイド] 20:22〜22:53
	愛の追い風が吹く。好きなことができる。	
	◆冥王星が「夢と友」のハウスへ。ここから2043年頃にかけ、人生を賭けて夢を追うことができる。	
21 木	愛の日	
	愛について嬉しいことがある。子育て、趣味、創作にも追い風が。	
22 金	愛の日	[ボイド] 22:16〜
	愛について嬉しいことがある。子育て、趣味、創作にも追い風が。	
	◆太陽が「旅」のハウスへ。1年のサイクルの中で「精神的成長」を確認するとき。	
23 土	◑愛の日 ▶ メンテナンスの日	[ボイド] 〜08:03
	「やりたいこと」から「やるべきこと」へのシフト。	
24 日	メンテナンスの日	
	生活や心身の故障部分を修理できる。ケアしたり、されたり。	
25 月	メンテナンスの日 ▶ 人に会う日	[ボイド] 14:37〜20:21
	「自分の世界」から「外界」へ出るような節目。	
26 火	人に会う日	
	人に会ったり、会う約束をしたりする日。出会いの気配も。	
	◆水星が「旅」のハウスで逆行開始。後戻りする旅、再訪。再研究、再発見。迷路。	
27 水	人に会う日	[ボイド] 18:16〜
	人に会ったり、会う約束をしたりする日。出会いの気配も。	
28 木	人に会う日 ▶ プレゼントの日	[ボイド] 〜09:22
	他者との関係に、さらに一歩踏み込めるように。	
29 金	プレゼントの日	
	人から貴重なものを受け取れる。提案を受ける場面も。	
30 土	プレゼントの日 ▶ 旅の日	[ボイド] 15:21〜20:55
	遠い場所との間に、橋が架かり始める。	

12 ・DECEMBER・

1	日	●旅の日 遠出したり、遠くから人が訪ねてくれたりする日。発信力も増す。 🌙「旅」のハウスで新月。旅に出発する。専門分野を開拓し始める。矢文を放つ。
2	月	旅の日 遠出したり、遠くから人が訪ねてくれたりする日。発信力も増す。
3	火	旅の日 ▶ 達成の日 [ボイド] 00:49～06:11 意欲が湧く。はっきりした成果が出る時間へ。
4	水	達成の日 目標に手が届く。結果が出る日。人から認められる場面も。
5	木	達成の日 ▶ 友だちの日 [ボイド] 08:36～13:23 肩の力が抜け、伸びやかな気持ちになれる。
6	金	友だちの日 未来のプランを立てる。友だちと過せる。チームワーク。
7	土	友だちの日 ▶ ひみつの日 [ボイド] 09:03～18:51 ざわめきから少し離れたくなる。自分の時間。 ◆火星が「愛」のハウスで逆行開始。「真の強さがあるからこそ打ち出せる優しさ」を目指す。◆金星が「夢と友」のハウスへ。友や仲間との交流が華やかに。「恵み」を受け取れる。
8	日	ひみつの日 一人の時間。過去を振り返り、戦略を練る。自分を大事にする。 ◆海王星が「ひみつ」のハウスで順行へ。誰にも見えない所で、美しい変化が起こり始める。
9	月	◐ひみつの日 ▶ スタートの日 [ボイド] 17:46～22:39 新しいことを始めやすい時間に切り替わる。
10	火	スタートの日 主役の意識で動く。新しい選択肢を選べる。気持ちが切り替わる。
11	水	スタートの日 [ボイド] 07:15～ 主役の意識で動く。新しい選択肢を選べる。気持ちが切り替わる。
12	木	スタートの日 ▶ お金の日 [ボイド] ～00:57 物質面・経済活動が活性化する時間に入る。
13	金	お金の日 [ボイド] 21:41～ いわゆる「金運がいい」日。実入りが良く、いい買い物もできそう。
14	土	お金の日 ▶ メッセージの日 [ボイド] ～02:23 「動き」が出てくる。コミュニケーションの活性。
15	日	○メッセージの日 [ボイド] 23:33～ 待っていた朗報が届く。勉強が捗る。外に出たくなる日。 🌙「コミュニケーション」のハウスで満月。重ねてきた勉強や対話が実を結ぶとき。意思疎通が叶う。

16	月	メッセージの日 ▶ 家の日 [ボイド] 〜04:23 生活環境や身内に目が向かう。原点回帰。 ◆水星が「旅」のハウスで順行へ。旅程の混乱や情報の錯綜が正常化する。目的地が見える。
17	火	家の日 「普段の生活」が充実。身内との関係強化。環境改善ができる。
18	水	家の日 ▶ 愛の日 [ボイド] 03:35〜08:41 愛の追い風が吹く。好きなことができる。
19	木	愛の日 愛について嬉しいことがある。子育て、趣味、創作にも追い風が。
20	金	愛の日 ▶ メンテナンスの日 [ボイド] 14:21〜16:39 「やりたいこと」から「やるべきこと」へのシフト。
21	土	メンテナンスの日 生活や心身の故障部分を修理できる。ケアしたり、されたり。 ◆太陽が「目標と結果」のハウスへ。1年のサイクルの中で「目標と達成」を確認するとき。
22	日	メンテナンスの日 [ボイド] 22:29〜 生活や心身の故障部分を修理できる。ケアしたり、されたり。
23	月	◑ メンテナンスの日 ▶ 人に会う日 [ボイド] 〜04:09 「自分の世界」から「外界」へ出るような節目。
24	火	人に会う日 [ボイド] 19:46〜 人に会ったり、会う約束をしたりする日。出会いの気配も。
25	水	人に会う日 ▶ プレゼントの日 [ボイド] 〜17:08 他者との関係に、さらに一歩踏み込めるように。
26	木	プレゼントの日 人から貴重なものを受け取れる。提案を受ける場面も。
27	金	プレゼントの日 [ボイド] 23:26〜 人から貴重なものを受け取れる。提案を受ける場面も。
28	土	プレゼントの日 ▶ 旅の日 [ボイド] 〜04:48 遠い場所との間に、橋が架かり始める。
29	日	旅の日 遠出したり、遠くから人が訪ねてくれたりする日。発信力も増す。
30	月	旅の日 ▶ 達成の日 [ボイド] 08:36〜13:39 意欲が湧く。はっきりした成果が出る時間へ。
31	火	● 達成の日 目標に手が届く。結果が出る日。人から認められる場面も。 ☽「目標と結果」のハウスで新月。新しいミッションがスタートするとき。目的意識が定まる。

参考　カレンダー解説の文字・線の色

あなたの星座にとって星の動きがどんな意味を
持つか、わかりやすくカレンダーに書き込んで
みたのが、P.89からの「カレンダー解説」です。
色分けは厳密なものではありませんが、だいた
い以下のようなイメージで分けられています。

―― 赤色
インパクトの強い出来事、意欲や情熱、
パワーが必要な場面。

―― 水色
ビジネスや勉強、コミュニケーションなど、
知的な活動に関すること。

―― 紺色
重要なこと、長期的に大きな意味のある変化。
精神的な変化、健康や心のケアに関すること。

―― 緑色
居場所、家族に関すること。

―― ピンク色
愛や人間関係に関すること。嬉しいこと。

―― オレンジ色
経済活動、お金に関すること。

牡羊座 2024年の
カレンダー解説

● 解説の文字・線の色のイメージは P.88 をご参照下さい ●

1 ·JANUARY·

mon	tue	wed	thu	fri	sat	sun
1	2	3	4	5	6	7
8	9	10	⑪	12	13	14
15	16	17	18	19	20	㉑
22	23	24	25	㉖	27	28
29	30	31				

2023/12/1–2/17　大活躍の多忙期。徹底的に夢を追える。長年追いかけてきた目標にここで手が届く人も。

1/11　新しいミッションが始まる。新たな社会的ポジションを得る人も。かなり熱いチャレンジができる。

1/21　新しい目標や夢を探し始める。目標や野心の「前」「後」を見渡す気持ちが芽生える。

1/26　「愛が満ちる・実る」時。クリエイティブな活動において、大きな成果を挙げる人も。

2 ·FEBRUARY·

mon	tue	wed	thu	fri	sat	sun
			1	2	3	4
5	6	7	8	9	10	11
12	13	14	15	16	17	18
19	20	21	22	23	24	25
26	27	28	29			

2/17–3/12　交友関係が一気に膨らむ。人気が出る。人に恵まれる。嬉しいことがたくさん起こる時。

3 • MARCH •

mon	tue	wed	thu	fri	sat	sun
				1	2	3
4	5	6	7	8	9	⑩
11	12	13	14	15	16	17
18	19	⑳	21	22	23	24
㉕	26	27	28	29	30	31

4 • APRIL •

mon	tue	wed	thu	fri	sat	sun
1	2	3	4	5	6	7
8	⑨	10	11	12	13	14
15	16	17	18	19	20	21
22	23	24	25	26	27	28
29	30					

3/10–5/16 コミュニケーションが盛り上がる。発言力・発信力が増す。フットワークが良くなる。多忙期。

3/20–4/19 お誕生月、活力に溢れる、フレッシュな時間帯。主役になれる。イニシアチブを取れる。

3/25 人間関係が大きく進展する。ドラマティックな出来事が起こる。特別な出会いの気配も。

4/5–4/29 キラキラ輝くような、楽しい時間。愛にも強い光が射し込む。より魅力的に「変身」する人も。

4/2–4/25 再会・再訪・原点回帰の時。立ち止まって振り返る場面が増える。混乱や停滞は、時間が解決してくれる。ゆっくりじっくり。

4/9 ドラマティックなターニングポイント、特別なスタートラインに立つ時。大決断。

4/29–5/24 「金運がいい」時。経済活動が一気に盛り上がる。収入が増える人、大きな買い物をする人も。

5 ·MAY·

mon	tue	wed	thu	fri	sat	sun
		1	2	3	4	5
6	7	8	9	10	11	12
13	14	15	16	17	18	19
20	21	22	23	㉔	25	26
27	28	29	30	31		

5/1–6/9　勝負の時。ガンガンチャレンジできる。自分から何か新しいことを起ち上げる人も。自分自身との闘いに勝てる。

5/24–2025/6/10　「旅とコミュニケーションの時間」。多くを学び、行動範囲を拡大できる。たくさんの人と語り合い、「身内」と呼べる相手が増える。

6 ·JUNE·

mon	tue	wed	thu	fri	sat	sun
					1	2
3	4	5	⑥	7	8	9
10	11	12	13	14	15	16
17	18	19	20	21	㉒	23
24	25	26	27	28	29	30

6/6　特別な朗報が飛び込んでくるかも。新しい対話のチャネルが生まれる。ゴーサインが出る。

6/17–7/12　家族や住処について嬉しいことが起こりそう。身近な人と和気藹々と過ごせる。

6/22　大きな目標を達成できる。仕事や対外的な活動で大きな成果を挙げられる。7/21の満月とワンセット。二段階に大きくステップアップできる。

7 ·JULY·

mon	tue	wed	thu	fri	sat	sun
1	2	3	4	5	6	7
8	9	10	11	12	13	14
15	16	17	18	19	20	㉑
22	23	24	25	26	27	28
29	30	31				

7/12–8/29 愛についてじっくり向き合える時。時間をかけて好きなこと、やりたいことについて考えられる。8/15–29は特に、普段疑問を抱かないことを深く探究できる。

7/21 6/22の満月を「第一弾」とすると、ここが「第二弾」。さらに大きな目標を達成できる。「もう一歩前に進む」試みが成功する時。

7/21–9/5 熱い議論が巻き起こるかも。また、精力的に学ぶ人、大冒険に出かける人も。チャレンジ精神で知的開拓ができる。

8 ·AUGUST·

mon	tue	wed	thu	fri	sat	sun
			1	2	3	④
5	6	7	8	9	10	11
12	13	14	15	16	17	18
19	20	21	22	23	24	25
26	27	28	29	30	31	

8/4 新しい愛が生まれるタイミング。なにかしらフレッシュな、嬉しい出来事が起こりそう。ここで生まれた「素敵なこと」は、今後大きく育つ。

8/29–9/23 人に恵まれる時。パートナーシップや恋愛にも、強い追い風が吹く。出会いを探している人には大チャンスが巡ってくる。

9 · SEPTEMBER ·

mon	tue	wed	thu	fri	sat	sun
						1
2	3	4	⑤	6	7	8
9	10	11	12	13	14	15
16	17	⑱	19	20	21	22
23	24	25	26	27	28	29
30						

9/5–11/4 「居場所が動く」時。引っ越しや模様替え、家族構成の変化などが起こるかも。身近な人としっかり向き合い、思いをぶつけ合える。「膿を出してスッキリする」ような試みも。

9/18 不思議な「救い」を得られる時。長い間の悩みごとや心の傷などが、神秘的なきっかけを得て癒えていく。密かな心配事や悩みが、意外な形で解消する。

10/3 特別な出会いの時。公私ともに、面白い人、素敵な人に出会える。意外な縁が結ばれる。

10 · OCTOBER ·

mon	tue	wed	thu	fri	sat	sun
	1	2	③	4	5	6
7	8	9	10	11	12	13
14	15	16	⑰	⑱	19	20
21	22	23	24	25	26	27
28	29	30	31			

10/17 頑張ってきたことが認められ、大きく前進できる時。目指す場所に辿り着ける。一山越える時。大切なターニングポイント。

10/18–2025/1/8 大冒険の時間。情熱的に活動のスケールを拡大できる。意外な場所から招聘されるかも。世界が広がる。

11 ・NOVEMBER・

mon	tue	wed	thu	fri	sat	sun
				1	2	3
4	5	6	7	8	9	10
11	(12)	13	14	15	16	17
18	19	20	21	22	23	24
25	26	27	28	29	30	

11/4–2025/1/6　愛のドラマが熱く、ダイナミックに展開する。愛について冒険ができる。クリエイティブな活動にも大チャンスが訪れる。遊びや趣味、子育てなどにも情熱を注げる、とても楽しくホットな時間。

11/12–12/7　キラキラしたチャンスが巡ってくる。人から褒められる場面が増える。日々の活動がとても楽しくなる。

11/26–12/16　遠くから懐かしい人が訪ねてくるかも。または、自分から故郷に帰ったり、特別な場所を再訪したりすることになるかも。距離を越え、過去に戻れる。

12 ・DECEMBER・

mon	tue	wed	thu	fri	sat	sun
						1
2	3	4	5	6	7	8
9	10	11	12	13	14	(15)
16	17	18	19	20	21	22
23	24	25	26	27	28	29
30	(31)					

12/15　特別なメッセージが届く。伝えてきたことが「伝わった」とわかる。勉強の成果が出る。行きたかった場所に行けるようになる。

12/31　新しいミッションが始まる。とてもフレッシュなタイミング。新しい目標を掲げ、行動を起こす人も。

2024年のプチ占い（天秤座～魚座）

天秤座（9/24-10/23生まれ）

出会いとギフトの年。自分では決して出会えないようなものを、色々な人から手渡される。チャンスを作ってもらえたり、素敵な人と繋げてもらえたりするかも。年の後半は大冒険と学びの時間に入る。

蠍座（10/24-11/22生まれ）

パートナーシップと人間関係の年。普段関わるメンバーが一変したり、他者との関わり方が大きく変わったりする。人と会う機会が増える。素晴らしい出会いに恵まれる。人から受け取るものが多い年。

射手座（11/23-12/21生まれ）

働き方や暮らし方を大きく変えることになるかも。健康上の問題を抱えていた人は、心身のコンディションが好転する可能性が。年の半ば以降は、出会いと関わりの時間に入る。パートナーを得る人も。

山羊座（12/22-1/20生まれ）

2008年頃からの「魔法」が解けるかも。執着やこだわり、妄念から解き放たれる。深い心の自由を得られる。年の前半は素晴らしい愛と創造の季節。楽しいことが目白押し。後半は新たな役割を得る人も。

水瓶座（1/21-2/19生まれ）

野心に火がつく。どうしても成し遂げたいことに出会えるかも。自分を縛ってきた鎖を粉砕するような試みができる。年の前半は新たな居場所を見つけられるかも。後半はキラキラの愛と創造の時間へ。

魚座（2/20-3/20生まれ）

コツコツ続けてきたことが、だんだんと形になる。理解者に恵まれ、あちこちから意外な助け船を出してもらえる年。年の半ばから約1年の中で、新しい家族が増えたり、新たな住処を見つけたりできる。

（※牡羊座～乙女座はP.30）

星のサイクル
海王星

◆◇◇◆◇◇◆◇◇◆◇◇◆◇◇◆◇◇◆◇◇◆◇◇◆◇◇◆◇◇◆◇◇◆

🏵 海王星のサイクル

　現在魚座に滞在中の海王星は、2025年3月に牡羊座
へと移動を開始し、2026年1月に移動を完了します。
つまり今、私たちは2012年頃からの「魚座海王星時
代」を後にし、新しい「牡羊座海王星時代」を目前に
しているのです。海王星のサイクルは約165年ですか
ら、一つの星座の海王星を体験できるのはいずれも、一
生に一度です。海王星は幻想、理想、夢、無意識、音
楽、映像、海、オイル、匂いなど、目に見えないもの、
手で触れないものに関係の深い星です。現実と理想、事
実と想像、生と死を、私たちは生活の中で厳密に分け
ていますが、たとえば詩や映画、音楽などの世界では、
その境界線は極めて曖昧になります。さらに、日々の
生活の中でもごくマレに、両者の境界線が消える瞬間
があります。その時私たちは、人生の非常に重要な、ある
意味危険な転機を迎えます。「精神のイニシエーショ
ン」をしばしば、私たちは海王星とともに過ごすので
す。以下、来年からの新しい「牡羊座海王星時代」を、
少し先取りして考えてみたいと思います。

◆◇◇◆◇◇◆◇◇◆◇◇◆◇◇◆◇◇◆◇◇◆◇◇◆◇◇◆◇◇◆◇◇◆

海王星のサイクル年表（詳しくは次のページへ）

時　期	牡羊座のあなたにとってのテーマ
1928年 - 1943年	心の生活、セルフケアの重要性
1942年 - 1957年	「他者との関わり」という救い
1955年 - 1970年	経済活動が「大きく回る」時
1970年 - 1984年	精神の学び
1984年 - 1998年	人生の、真の精神的目的
1998年 - 2012年	できるだけ美しい夢を描く
2011年 - 2026年	大スケールの「救い」のプロセス
2025年 - 2039年	コントロール不能な、精神的成長の過程
2038年 - 2052年	魂とお金の関係
2051年 - 2066年	価値観、世界観の精神的アップデート
2065年 - 2079年	居場所、水、清らかな感情
2078年 - 2093年	愛の救い、愛の夢

※時期について／海王星は順行・逆行を繰り返すため、星座の境界線を何度か往復してから移動を完了する。上記の表で、開始時は最初の移動のタイミング、終了時は移動完了のタイミング。

◆ 1928-1943年　心の生活、セルフケアの重要性

できる限りワガママに「自分にとっての、真に理想と言える生活のしかた」を作ってゆく必要があります。自分の精神や「魂」が心底求めている暮らし方を、時間をかけて創造できます。もっともらしい精神論に惑わされて自分を見失わないで。他者にするのと同じくらい、自分自身をケアしたい時です。

◆ 1942-1957年　「他者との関わり」という救い

人から精神的な影響を受ける時期です。一対一での他者との関わりの中で、自分の考え方や価値観の独特な癖に気づかされ、さらに「救い」を得られます。相手が特に「救おう」というつもりがなくとも、その関係の深まり自体が救いとなるのです。人生を変えるような、大きな心の結びつきを紡ぐ時間です。

◆ 1955-1970年　経済活動が「大きく回る」時

「人のために、自分の持つ力を用いる」という意識を持つことと、「自分ではどうにもできないこと」をありのままに受け止めること。この二つのスタンスが、あなたを取り巻く経済活動を大きく活性化させます。無欲になればなるほど豊かさが増し、生活の流れが良くなるのです。性愛の夢を生きる人も。

◆ 1970-1984年　精神の学び

ここでの学びの目的は単に知識を得ることではなく、学びを通した精神的成長です。学びのプロセスは言わば「手段」です。「そんなことを学んで、なんの役に立つの？」と聞かれ、うまく答えられないようなことこそが、この時期真に学ぶべきテーマだからです。学びを通して、救いを得る人もいるはずです。

◆ 1984-1998年　人生の、真の精神的目的

仕事で大成功して「これはお金のためにやったのではない」と言う人がいます。「では、なんのためなのか」は、その人の精神に、答えがあります。この時期、あなたは自分の人生において真に目指せるものに出会うでしょう。あるいは、多くの人から賞賛されるような「名誉」を手にする人もいるはずです。

◆ 1998-2012年　できるだけ美しい夢を描く

人生で一番美しく、大きく、素敵な夢を描ける時です。その夢が実現するかどうかより、できるだけ素晴らしい夢を描くということ自体が重要です。夢を見たことがある人と、そうでない人では、人生観も大きく異なるからです。大きな夢を描き、希望を抱くことで、人生で最も大切な何かを手に入れられます。

◆ 2011-2026年　大スケールの「救い」のプロセス

あなたにとって「究極の望み」「一番最後の望み」があるとしたら、どんな望みでしょうか。「一つだけ願いを叶えてあげるよ」と言われたら、何を望むか。この命題に、新しい答えを見つけられます。「一つだけ叶う願い」は、あなたの心の救いとなり、さらに、あなたの大切な人を救う原動力ともなります。

◆ 2025-2039年　コントロール不能な、精神的成長の過程

「自分」が靄に包まれたように見えなくなり、アイデンティティを見失うことがあるかもしれません。意識的なコントロールや努力を離れたところで、人生の神髄に触れ、精神的な成長が深まります。この時期を終える頃、決して衰えることも傷つくこともない、素晴らしい人間的魅力が備わります。

◆ 2038-2052年 魂とお金の関係

経済活動は「計算」が基本です。ですがこの時期は不思議と「計算が合わない」傾向があります。世の経済活動の多くは、実際には「割り切れないこと」だらけです。こうした「1＋1＝2」にならない経済活動の秘密を見つめるための「心の力」が成長する時期です。魂とお金の関係の再構築が進みます。

◆ 2051-2066年 価値観、世界観の精神的アップデート

誰もが自分のイマジネーションの世界を生きています。どんなに「目の前の現実」を生きているつもりでも、自分自身の思い込み、すなわち「世界観」の外には、出られないのです。そうした「世界観」の柱となるのが、価値観や思想です。そうした世界観、枠組みに、大スケールのアップデートが起こります。

◆ 2065-2079年 居場所、水、清らかな感情

心の風景と実際の生活の場の風景を、時間をかけて「洗い上げる」ような時間です。家族や「身内」と呼べる人たちとの深い心の交流が生まれます。居場所や家族との関係の変容がそのまま、精神的成長に繋がります。物理的な居場所のメンテナンスが必要になる場合も。特に水回りの整備が重要な時です。

◆ 2078-2093年 愛の救い、愛の夢

感受性がゆたかさを増し、才能と個性が外界に向かって大きく開かれて、素晴らしい創造性を発揮できる時です。人の心を揺さぶるもの、人を救うものなどを、あなたの活動によって生み出せます。誰もが心の中になんらかの痛みや傷を抱いていますが、そうした傷を愛の体験を通して「癒し合える」時です。

〜先取り！ 2025年からのあなたの「海王星時代」〜
コントロール不能な、精神的成長の過程

　この時期のあなたは、不思議な魅力をまとっています。人に「透明感」や「神秘性」を感じさせるのです。ですがあなた自身、そうした印象の秘密を、自覚はしていないだろうと思います。

　この時間を進むにつれ、あなたは非常に深い精神的成長を遂げます。周囲の目にはそれが、人としての強さ、優しさ、深みが増したと映ります。でも、あなた自身はこの間、深い霧の中にいるような、あるいはずっと先の見えないトンネルを歩き続けているような思いを抱き続けるかもしれません。「原因不明の出来事」が多く起こる可能性もあります。体調不良があってもその理由が分からなかったり、奇妙な行動パターンを繰り返してしまい、それをどうしても止められなかったりするかもしれません。説明のつかない複雑なプロセスを辿りながら、あなたは人生の、あるいはこの世界の「真実」に触れます。「人間とはこういうものだ」という認識が、大きく変化します。この時期が終わる頃、あなたは非常に美しくなります。それは、物質的

◆◇○◆◇○◆◇○◆◇○◆◇○◆◇○◆◇○◆◇○◆◇○◆◇○◆◇○◆◇◆

な（従って変わりやすい）魅力ではなく、年齢を重ね
ても決して衰えることのない、どんな人生の荒波にも
傷つかない、本物の人間的魅力です。

　現代社会は特に「自己責任」を要求される傾向があ
り、「自分で考えなければ」「自分から何かしなければ」
という焦りに悩まされる人も少なくありません。なの
にこの時期は、その肝心の「自分」が靄に包まれたよ
うに、よく見えなくなります。主体的に振る舞おうと
しても、なぜか受け身になってしまうのです。続けて
きた活動をふとやめてしまったり、自分の殻に閉じこ
もったりする人もいます。この時期あなたに起こって
いるのは、精神の深い再構成のプロセスです。ゆえに、
危機的な場所を通らざるを得ない場合もあるのです。
「自分を見失う」ような状態から帰還するにはどうすれ
ばいいか、これは非常に難しい命題ですが、希望を失
わず「よりよいもの」「よりうつくしいもの」を目指そ
うとする時、きっと道が見つかります。最も大事なこ
とは「自己の弱さを否定しない」ことです。先に進も
うとする時は必ず、「人間としての弱さ」こそが、扉を
開くカギとなるからです。

◆◇○◆◇○◆◇○◆◇○◆◇○◆◇○◆◇○◆◇○◆◇○◆◇○◆◇◆

12星座プロフィール

牡羊座のプロフィール
はじまりの星座

キャラクター

◆ 自己中心性

　「自己中心的」という表現は、一般にはあまりいい意味では使われませんが、実はとても大事なことだと思います。というのも、自分を中心にして考えないならば、他人に依存的になったり、人のせいにしたりすることにもなりがちだからです。牡羊座の人は常に、世界の中心に自分を据えています。ゆえに、明確な意見をストレートに打ち出しますし、いわゆる「空気を読む」ような無益な気遣いで物事をゆがませることがありません。

◆ 清らかな自己主張

　牡羊座の人々は、率直に意見を主張し、時に「反論」します。その「反論」には余計な感情がまとわりついていないため、反論が正しかったとしても高圧的になったりはしませんし、反論が間違っていても、悔しがったり往生際の悪いことをしたりはしません。あくまでさっぱりと、物事の正しさ自体を追求し、受け入れる度量があるのです。牡

羊座の人々は、炎のように純粋です。ゆえに、積極的に議論しますが、それによって険悪な空気を作ることはないのです。火は物が腐るのを防ぎますが、それにも似て、牡羊座の人の議論は、人々の関係を腐らせる要素をすべて焼き尽くして、清らかにするのです。

◆ 目標を見失う苦悩

牡羊座の人々は、目的を見失うと、深く苦悩します。やりたいことややるべきことが見つからないと、苦痛を感じるのです。牡羊座は古くは「雇夫」をかたどった星図で表されたそうですが、自分が自分の雇い主として「これをやること！」と命じられないと、力を失ってしまうのです。もとい、牡羊座の人でなくとも「やるべきことがわからない」ときは力を失いますが、牡羊座の人が特徴的なのは、それが「深刻な悩み」として感じられる点です。「ただ怠けてぼんやりしている」のではなく、その状態を非常な苦痛として感じる傾向があるのです。ですが、しばらくすると自然に情熱を燃やせる目的を探し当て、考えるより先に身体が動くようなアクティブな状態に戻れます。

◆ 自己のエネルギーに無自覚

「牡羊座の人はパワフルで、エネルギッシュで……」と言

われて頷く牡羊座の人は、ほとんどいません。なぜなら、自分と他人を比較して相対的に捉えよう、という発想がないからです。牡羊座の人はあくまで自分を世界の中心に置いているので、他人との無益な比較をしません。自分が「人よりもパワフルかどうか」を、意識したことがないのです。ゆえに「あなたはパワフルだね」と言われても「みんなそうじゃないの？」と主張するのです。

◆「はじまり」の星座

　牡羊座は「はじまり」の星座です。長い冬が終わり、昼の長さと夜の長さが同じになる春分の日に、太陽は牡羊座に入るからです。冬は植物が育たず実りのない死の世界とするなら、春は生命が再び命を得る、生き生きした生の世界です。牡羊座の人々は、春に萌え出る緑の芽や花々が湛えているような、純粋で透明なエネルギーをその身体に担って生まれてくるのです。「はじまり」の星座らしく、牡羊座の人々は物事を新しく始めるのが得意です。前例のないことに挑んだり、誰よりも先に走り出したりすることが好きなのです。

◈ 火星と、パラス・アテナ

　牡羊座を支配する星は火星です。火星はマルス、ギリシャ神話ではアレスで、戦いの神です。さらに、牡羊座の守護神としてパラス・アテナを当てる向きがあります。「輝く目のアテナ」はやはり「戦いの神」ですが、知恵の神でもあり、知性を象徴するフクロウを伴っています。アテナは様々な英雄のサポートをし、勝利に導きました。牡羊座の人々の中にあるめざましいエネルギーや攻撃性は、決してアレス的な野卑なだけのものではなく、パラス・アテナの深い知性と憧れ、行動力によって統御されています。

◈ 牡羊座の神話

　昔、テッサリアの国王に、二人の子供がありました。兄と妹で、とても仲良しでしたが、継母に憎まれ、殺されそうになりました。二人の生みの母の雲の精はこれに驚いて、子供たちを助けてくれるよう、大神ゼウスに願い出ました。

　ゼウスはこの願いを聞き届け、ヘルメス神と空を飛ぶ金色の羊をつかわし、兄妹を救い出しました。兄と妹が羊の背に乗ると、羊は海に向かって飛び去ったのです。

　しかし、海の上を飛んで逃げるさなか、妹は羊の背中から海に落ちて、死んでしまいました。金色の羊は嘆く兄を

元気づけ、安全な国まで送り届けました。

　「死の世界から飛び出して、生きのびる」という、この輝くような生命力のイメージは、牡羊座の世界にぴったりです。途中で妹が落ちてしまうという悲劇は、生が常に死と隣り合わせであるがゆえに輝くのだ、ということを、光と影のコントラストのように、強調しているようでもあります。

牡羊座の才能

　「勝負」に対する特別なセンスを持っています。また、「怖いもの」が少なく、リスクを扱うのが上手なので、アスリートやトレーダーなど、自分の中の恐怖心と闘わなければならないような分野で才能を発揮する人が多いようです。飽きっぽいと言われることも多い牡羊座なのですが、常にチャレンジを続け、粘り強く戦い、最後まで勝負を投げません。ストレートな物言いは交友関係においても、ビジネスにおいても、深い信頼を集めます。人を元気づけ、勇気づけることが上手です。あなたに励まされた人は、生きる気力を取り戻し、先に進む力をあなたから分け与えてもらえるのです。

♈ 牡羊座　はじまりの星座　　　　　　　　I am.

素敵なところ

裏表がなく純粋で、自他を比較しません。明るく前向きで、正義感が強く、諍（いさか）いのあともさっぱりしています。欲しいものを欲しいと言える勇気、自己主張する勇気、誤りを認める勇気の持ち主です。

キーワード

勢い／勝負／果断／負けず嫌い／せっかち／能動的／スポーツ／ヒーロー・ヒロイン／華やかさ／アウトドア／草原／野生／丘陵／動物愛／議論好き／肯定的／帽子・頭部を飾るもの／スピード／赤

♉ 牡牛座　五感の星座　　　　　　　　　　I have.

素敵なところ

感情が安定していて、態度に一貫性があります。知識や経験をたゆまずゆっくり、たくさん身につけます。穏やかでも不思議な存在感があり、周囲の人を安心させます。美意識が際立っています。

キーワード

感覚／色彩／快さ／リズム／マイペース／芸術／暢気（のんき）／贅沢／コレクション／一貫性／素直さと頑固さ／価値あるもの／美声・歌／料理／庭造り／変化を嫌う／積み重ね／エレガント／レモン色／白

♊ 双子座　知と言葉の星座　　　　　　　　I think.

素敵なところ

イマジネーション能力が高く、言葉と物語を愛するユニークな人々です。フットワークが良く、センサーが敏感で、いくつになっても若々しく見えます。場の空気・状況を変える力を持っています。

キーワード

言葉／コミュニケーション／取引・ビジネス／相対性／比較／関連づけ／物語／比喩／移動／旅／ジャーナリズム／靴／天使・翼／小鳥／桜色／桃色／空色／文庫本／文房具／手紙

蟹座　感情の星座

I feel.

素敵なところ

心優しく、共感力が強く、人の世話をするときに手間を惜しみません。行動力に富み、人にあまり相談せずに大胆なアクションを起こすことがありますが、「聞けばちゃんと応えてくれる」人々です。

キーワード

感情／変化／月／守護・保護／日常生活／行動力／共感／安心／繰り返すこと／拒否／生活力／フルーツ／アーモンド／巣穴／胸部、乳房／乳白色／銀色／真珠

獅子座　意思の星座

I will.

素敵なところ

太陽のように肯定的で、安定感があります。深い自信を持っており、側にいる人を安心させることができます。人を頷かせる力、一目置かせる力、パワー感を持っています。内面には非常に繊細な部分も。

キーワード

強さ／クールさ／肯定的／安定感／ゴールド／背中／自己表現／演技／芸術／暖炉／広場／人の集まる賑やかな場所／劇場・舞台／お城／愛／子供／緋色／パープル／緑

乙女座　分析の星座

I analyze.

素敵なところ

一見クールに見えるのですが、とても優しく世話好きな人々です。他者に対する観察眼が鋭く、シャープな批評を口にしますが、その相手の変化や成長を心から喜べる、「教育者」の顔を持っています。

キーワード

感受性の鋭さ／「気が利く」人／世話好き／働き者／デザイン／コンサバティブ／胃腸／神経質／分析／調合／変化／回復の早さ／迷いやすさ／研究家／清潔／ブルーブラック／空色／桃色

天秤座 関わりの星座 I balance.

素敵なところ

高い知性に恵まれると同時に、人に対する深い愛を抱いています。視野が広く、客観性を重視し、細やかな気遣いができます。内側には熱い情熱を秘めていて、個性的なこだわりや競争心が強い面も。

キーワード

人間関係／客観視／合理性／比較対象／美／吟味／審美眼／評価／選択／平和／交渉／結婚／諍（いさか）い／調停／パートナーシップ／契約／洗練／豪奢／黒／芥子色／深紅色／水色／薄い緑色／ベージュ

 蠍座 情熱の星座 I desire.

素敵なところ

意志が強く、感情に一貫性があり、愛情深い人々です。一度愛したものはずっと長く愛し続けることができます。信頼に足る、芯の強さを持つ人です。粘り強く努力し、不可能を可能に変えます。

キーワード

融け合う心／継承／遺伝／魅力／支配／提供／共有／非常に古い記憶／放出／流動／隠されたもの／湖沼／果樹園／庭／葡萄酒／琥珀／茶色／濃い赤／カギつきの箱／ギフト

 射手座 冒険の星座 I understand.

素敵なところ

冒険心に富む、オープンマインドの人々です。自他に対してごく肯定的で、恐れを知らぬ勇気と明るさで周囲を照らし出します。自分の信じるものに向かってまっすぐに生きる強さを持っています。

キーワード

冒険／挑戦／賭け／負けず嫌い／馬や牛など大きな動物／遠い外国／語学／宗教／理想／哲学／おおらかさ／自由／普遍性／スピードの出る乗り物／船／黄色／緑色／ターコイズブルー／グレー

山羊座 **実現の星座**　　　　　　　　　　　I use.

素敵なところ

夢を現実に変えることのできる人々です。自分個人の世界だけに収まる小さな夢ではなく、世の中を変えるような、大きな夢を叶えることができる力を持っています。優しく力強く、芸術的な人です。

キーワード

城を築く／行動力／実現／責任感／守備／権力／支配者／組織／芸術／伝統／骨董品／彫刻／寺院／華やかな色彩／ゴージャス／大きな楽器／黒／焦げ茶色／薄い茜色／深緑

 **水瓶座** **思考と自由の星座**　　　　　　　I know.

素敵なところ

自分の頭でゼロから考えようとする、澄んだ思考の持ち主です。友情に篤く、損得抜きで人と関わろうとする、静かな情熱を秘めています。ユニークなアイデアを実行に移すときは無二の輝きを放ちます。

キーワード

自由／友情／公平・平等／時代の流れ／流行／メカニズム／合理性／ユニセックス／神秘的／宇宙／飛行機／通信技術／電気／メタリック／スカイブルー／チェック、ストライプ

 魚座 **透明な心の星座**　　　　　　　　I believe.

素敵なところ

人と人とを分ける境界線を、自由自在に越えていく不思議な力の持ち主です。人の心にするりと入り込み、相手を支え慰めることができきます。場や世界を包み込むような大きな心を持っています。

キーワード

変容／変身／愛／海／救済／犠牲／崇高／聖なるもの／無制限／変幻自在／天衣無縫／幻想／瞑想／蠱惑（こわく）／エキゾチック／ミステリアス／シースルー／黎明／白／ターコイズブルー／マリンブルー

HOSHIORI

用語解説

　星占いで用いる星々のうち、太陽と月以外の惑星と冥王星は、しばしば「逆行」します。これは、星が実際に軌道を逆走するのではなく、あくまで「地球からそう見える」ということです。

　たとえば同じ方向に向かう特急電車が普通電車を追い抜くとき、相手が後退しているように見えます。「星の逆行」は、この現象に似ています。地球も他の惑星と同様、太陽のまわりをぐるぐる回っています。ゆえに一方がもう一方を追い抜くとき、あるいは太陽の向こう側に回ったときに、相手が「逆走している」ように見えるのです。

　星占いの世界では、星が逆行するとき、その星の担うテーマにおいて停滞や混乱、イレギュラーなことが起こる、と解釈されることが一般的です。ただし、この「イレギュラー」は「不運・望ましくない展開」なのかというと、そうではありません。

　私たちは自分なりの推測や想像に基づいて未来の計画を立て、無意識に期待し、「次に起こること」を待ち受けます。その「待ち受けている」場所に思い通りのボールが飛んでこなかったとき、苛立ちや焦り、不安などを感じます。でも、そのこと自体が「悪いこと」かというと、決してそうではないはずです。なぜなら、人間の推測や想像には、限界があるか

らです。推測通りにならないことと、「不運」はまったく別の
ことです。

　星の逆行時は、私たちの推測や計画と、実際に巡ってくる
未来とが「噛み合いにくい」ときと言えます。ゆえに、現実
に起こる出来事全体が、言わば「ガイド役・導き手」となり
ます。目の前に起こる出来事に導いてもらうような形で先に
進み、いつしか、自分の想像力では辿り着けなかった場所に
「つれていってもらえる」わけです。

　水星の逆行は年に三度ほど、一回につき3週間程度で起こ
ります。金星は約1年半ごと、火星は2年に一度ほど、他の
星は毎年太陽の反対側に回る数ヵ月、それぞれ逆行します。

　たとえば水星逆行時は、以下のようなことが言われます。

◆ 失せ物が出てくる／この時期なくしたものはあとで出てくる
◆ 旧友と再会できる
◆ 交通、コミュニケーションが混乱する
◆ 予定の変更、物事の停滞、遅延、やり直しが発生する

　これらは「悪いこと」ではなく、無意識に通り過ぎてしま
った場所に忘れ物を取りに行くような、あるいは、トンネル
を通って山の向こうへ出るような動きです。掛け違えたボタ
ンを外してはめ直すようなことができる時間なのです。

ボイドタイム―月のボイド・オブ・コース

　ボイドタイムとは、正式には「月のボイド・オブ・コース」となります。実は、月以外の星にもボイドはあるのですが、月のボイドタイムは3日に一度という頻度で巡ってくるので、最も親しみやすい（？）時間と言えます。ボイドタイムの定義は「その星が今いる星座を出るまで、他の星とアスペクト（特別な角度）を結ばない時間帯」です。詳しくは占星術の教科書などをあたってみて下さい。

　月のボイドタイムには、一般に、以下のようなことが言われています。

◆ 予定していたことが起こらない／想定外のことが起こる

◆ ボイドタイムに着手したことは無効になる

◆ 期待通りの結果にならない

◆ ここでの心配事はあまり意味がない

◆ 取り越し苦労をしやすい

◆ 衝動買いをしやすい

◆ この時間に占いをしても、無効になる。意味がない

　ボイドをとても嫌う人も少なくないのですが、これらをよく見ると、「悪いことが起こる」時間ではなく、「あまりいろいろ気にしなくてもいい時間」と思えないでしょうか。

とはいえ、たとえば大事な手術や面接、会議などがこの時間帯に重なっていると「予定を変更したほうがいいかな？」という気持ちになる人もいると思います。

　この件では、占い手によっても様々に意見が分かれます。その人の人生観や世界観によって、解釈が変わり得る要素だと思います。

　以下は私の意見なのですが、大事な予定があって、そこにボイドや逆行が重なっていても、私自身はまったく気にしません。

　では、ボイドタイムは何の役に立つのでしょうか。一番役に立つのは「ボイドの終わる時間」です。ボイド終了時間は、星が星座から星座へ、ハウスからハウスへ移動する瞬間です。つまり、ここから新しい時間が始まるのです。

　たとえば、何かうまくいかないことがあったなら、「366日のカレンダー」を見て、ボイドタイムを確認します。もしボイドだったら、ボイド終了後に、物事が好転するかもしれません。待っているものが来るかもしれません。辛い待ち時間や気持ちの落ち込んだ時間は、決して「永遠」ではないのです。

　本書では月の位置している星座から、自分にとっての「ハウス」を読み取り、毎日の「月のテーマ」を紹介しています。ですが月にはもう一つの「時計」としての機能があります。それは、「満ち欠け」です。

　月は1ヵ月弱のサイクルで満ち欠けを繰り返します。夕方に月がふと目に入るのは、新月から満月へと月が膨らんでいく時間です。満月から新月へと月が欠けていく時間は、月が夜遅くから明け方でないと姿を現さなくなります。

　夕方に月が見える・膨らんでいく時間は「明るい月の時間」で、物事も発展的に成長・拡大していくと考えられています。一方、月がなかなか出てこない・欠けていく時間は「暗い月の時間」で、物事が縮小・凝縮していく時間となります。

　これらのことはもちろん、科学的な裏付けがあるわけではなく、あくまで「古くからの言い伝え」に近いものです。

　新月と満月のサイクルは「時間の死と再生のサイクル」です。このサイクルは、植物が繁茂しては枯れ、種によって子孫を残す、というイメージに重なります。「死」は本当の「死」ではなく、種や球根が一見眠っているように見える、その状態を意味します。

　そんな月の時間のイメージを、図にしてみました。

【新月】
種蒔き

芽が出る、新しいことを始める、目標を決める、新品を下ろす、髪を切る、悪癖をやめる、コスメなど、古いものを新しいものに替える

【上弦】
成長

勢い良く成長していく、物事を付け加える、増やす、広げる、決定していく、少し一本調子になりがち

【満月】
開花、
結実

達成、到達、充実、種の拡散、実を収穫する、人間関係の拡大、ロングスパンでの計画、このタイミングにゴールや〆切りを設定しておく

【下弦】
貯蔵、
配分

加工、貯蔵、未来を見越した作業、不要品の処分、故障したものの修理、古物の再利用を考える、蒔くべき種の選別、ダイエット開始、新月の直前、材木を切り出す

【新月】
次の
種蒔き

新しい始まり、仕切り直し、軌道修正、過去とは違った選択、変更

以下、月のフェーズを六つに分けて説明してみます。

● 新月　New moon

「スタート」です。時間がリセットされ、新しい時間が始まる！というイメージのタイミングです。この日を境に悩みや迷いから抜け出せる人も多いようです。とはいえ新月の当日は、気持ちが少し不安定になる、という人もいるようです。細い針のような月が姿を現す頃には、フレッシュで爽やかな気持ちになれるはずです。日食は「特別な新月」で、1年に二度ほど起こります。ロングスパンでの「始まり」のときです。

● 三日月〜 ● 上弦の月　Waxing crescent - First quarter moon

ほっそりした月が半月に向かうに従って、春の草花が生き生きと繁茂するように、物事が勢い良く成長・拡大していきます。大きく育てたいものをどんどん仕込んでいけるときです。

● 十三夜月〜小望月（こもちづき）　Waxing gibbous moon

少量の水より、大量の水を運ぶときのほうが慎重さを必要とします。それにも似て、この時期は物事が「完成形」に近づき、細かい目配りや粘り強さ、慎重さが必要になるようです。一歩一歩確かめながら、満月というゴールに向かいます。

◯ 満月　Full moon

新月からおよそ2週間、物事がピークに達するタイミングです。文字通り「満ちる」ときで、「満を持して」実行に移せることもあるでしょう。大事なイベントが満月の日に計画されている、ということもよくあります。意識してそうしたのでなくとも、関係者の予定を繰り合わせたところ、自然と満月前後に物事のゴールが置かれることがあるのです。

月食は「特別な満月」で、半年から1年といったロングスパンでの「到達点」です。長期的なプロセスにおける「折り返し地点」のような出来事が起こりやすいときです。

◑ 十六夜の月〜寝待月　Waning gibbous moon

樹木の苗や球根を植えたい時期です。時間をかけて育てていくようなテーマが、ここでスタートさせやすいのです。また、細くなっていく月に擬えて、ダイエットを始めるのにも良い、とも言われます。植物が種をできるだけ広くまき散らそうとするように、人間関係が広がるのもこの時期です。

◑ 下弦の月〜◖ 二十六夜月　Last quarter - Waning crescent moon

秋から冬に球根が力を蓄えるように、ここでは「成熟」がテーマとなります。物事を手の中にしっかり掌握し、力をためつつ「次」を見据えてゆっくり動くときです。いたずらに物珍しいことに踊らされない、どっしりした姿勢が似合います。

◆ 太陽星座早見表　牡羊座

（1930〜2025年／日本時間）

太陽が牡羊座に滞在する時間帯を下記の表にまとめました。
これより前は魚座、これより後は牡牛座ということになります。

生まれた年	期間		生まれた年	期間
1930	3/21　17:30　〜　4/21　5:05		1954	3/21　12:53　〜　4/21　0:19
1931	3/21　23:06　〜　4/21　10:39		1955	3/21　18:35　〜　4/21　5:57
1932	3/21　4:54　〜　4/20　16:27		1956	3/21　0:20　〜　4/20　11:42
1933	3/21　10:43　〜　4/20　22:17		1957	3/21　6:16　〜　4/20　17:40
1934	3/21　16:28　〜　4/21　3:59		1958	3/21　12:06　〜　4/20　23:26
1935	3/21　22:18　〜　4/21　9:49		1959	3/21　17:55　〜　4/21　5:16
1936	3/21　3:58　〜　4/20　15:30		1960	3/20　23:43　〜　4/20　11:05
1937	3/21　9:45　〜　4/20　21:18		1961	3/21　5:32　〜　4/20　16:54
1938	3/21　15:43　〜　4/21　3:14		1962	3/21　11:30　〜　4/20　22:50
1939	3/21　21:28　〜　4/21　8:54		1963	3/21　17:20　〜　4/21　4:35
1940	3/21　3:24　〜　4/20　14:50		1964	3/20　23:10　〜　4/20　10:26
1941	3/21　9:20　〜　4/20　20:49		1965	3/21　5:05　〜　4/20　16:25
1942	3/21　15:11　〜　4/21　2:38		1966	3/21　10:53　〜　4/20　22:11
1943	3/21　21:03　〜　4/21　8:31		1967	3/21　16:37　〜　4/21　3:54
1944	3/21　2:49　〜　4/20　14:17		1968	3/20　22:22　〜　4/20　9:40
1945	3/21　8:37　〜　4/20　20:06		1969	3/21　4:08　〜　4/20　15:26
1946	3/21　14:33　〜　4/21　2:01		1970	3/21　9:56　〜　4/20　21:14
1947	3/21　20:13　〜　4/21　7:38		1971	3/21　15:38　〜　4/21　2:53
1948	3/21　1:57　〜　4/20　13:24		1972	3/20　21:21　〜　4/20　8:36
1949	3/21　7:48　〜　4/20　19:16		1973	3/21　3:12　〜　4/20　14:29
1950	3/21　13:35　〜　4/21　0:58		1974	3/21　9:07　〜　4/20　20:18
1951	3/21　19:26　〜　4/21　6:47		1975	3/21　14:57　〜　4/21　2:06
1952	3/21　1:14　〜　4/20　12:36		1976	3/20　20:50　〜　4/20　8:02
1953	3/21　7:01　〜　4/20　18:24		1977	3/21　2:42　〜　4/20　13:56

生まれ た年	期 間				生まれ た年	期 間			
1978	3/21	8:34	~	4/20 19:49	2002	3/21	4:17	~	4/20 15:21
1979	3/21	14:22	~	4/21 1:34	2003	3/21	10:01	~	4/20 21:03
1980	3/20	20:10	~	4/20 7:22	2004	3/20	15:50	~	4/20 2:50
1981	3/21	2:03	~	4/20 13:18	2005	3/20	21:34	~	4/20 8:37
1982	3/21	7:56	~	4/20 19:06	2006	3/21	3:27	~	4/20 14:26
1983	3/21	13:39	~	4/21 0:49	2007	3/21	9:09	~	4/20 20:07
1984	3/20	19:24	~	4/20 6:37	2008	3/20	14:49	~	4/20 1:51
1985	3/21	1:14	~	4/20 12:25	2009	3/20	20:45	~	4/20 7:44
1986	3/21	7:03	~	4/20 18:11	2010	3/21	2:33	~	4/20 13:30
1987	3/21	12:52	~	4/20 23:57	2011	3/21	8:22	~	4/20 19:18
1988	3/20	18:39	~	4/20 5:44	2012	3/20	14:16	~	4/20 1:12
1989	3/21	0:28	~	4/20 11:38	2013	3/20	20:03	~	4/20 7:03
1990	3/21	6:19	~	4/20 17:26	2014	3/21	1:58	~	4/20 12:56
1991	3/21	12:02	~	4/20 23:07	2015	3/21	7:46	~	4/20 18:42
1992	3/20	17:48	~	4/20 4:56	2016	3/20	13:31	~	4/20 0:30
1993	3/20	23:41	~	4/20 10:48	2017	3/20	19:30	~	4/20 6:27
1994	3/21	5:28	~	4/20 16:35	2018	3/21	1:17	~	4/20 12:13
1995	3/21	11:14	~	4/20 22:20	2019	3/21	7:00	~	4/20 17:55
1996	3/20	17:03	~	4/20 4:09	2020	3/20	12:51	~	4/19 23:46
1997	3/20	22:55	~	4/20 10:02	2021	3/20	18:39	~	4/20 5:34
1998	3/21	4:54	~	4/20 15:56	2022	3/21	0:34	~	4/20 11:24
1999	3/21	10:46	~	4/20 21:45	2023	3/21	6:25	~	4/20 17:13
2000	3/20	16:35	~	4/20 3:38	2024	3/20	12:07	~	4/19 22:59
2001	3/20	22:32	~	4/20 9:36	2025	3/20	18:02	~	4/20 4:55

おわりに

　年次版の文庫サイズ『星栞』は、本書でシリーズ5作目となりました。昨年の「スイーツ」をモチーフにした12冊はそのかわいらしさから多くの方に手に取って頂き、とても嬉しかったです。ありがとうございます！

　そして2024年版の表紙イラストは、一見して「何のテーマ？？？」となった方も少なくないかと思うのですが、実は「ペアになっているもの」で揃えてみました（！）。2024年の星の動きの「軸」の一つが、木星の牡牛座から双子座への移動です。双子座と言えば「ペア」なので、双子のようなものやペアでしか使わないようなものを、表紙のモチーフとして頂いたのです。柿崎サラさんに、とてもかわいくスタイリッシュな雰囲気に描いて頂けて、みなさんに手に取って頂くのがとても楽しみです。

　星占いの12星座には「ダブルボディーズ・サイン」と呼ばれる星座があります。すなわち、双子座、乙女座、射手座、魚座です。双子座は双子、魚座は「双魚宮」で2体です。メソポタミア時代の古い星座絵には、乙女座付近に複数の乙女が描かれています。そして、射手座は上半身が人

間、下半身が馬という、別の意味での「ダブルボディ」となっています。「ダブルボディーズ・サイン」は、季節の変わり目を担当する星座です。「三寒四温」のように行きつ戻りつしながら物事が変化していく、その複雑な時間を象徴しているのです。私たちも、様々な「ダブルボディ」を生きているところがあるように思います。職場と家では別の顔を持っていたり、本音と建前が違ったり、過去の自分と今の自分は全く違う価値観を生きていたりします。こうした「違い」を「八方美人」「ブレている」などと否定する向きもありますが、むしろ、色々な自分を生きることこそが、自由な人生、と言えないでしょうか。2024年は「自分」のバリエーションを増やしていくような、それによって心が解放されていくような時間となるのかもしれません。

星栞　2024年の星占い
牡羊座

2023年9月30日　第1刷発行

著者　　石井ゆかり

発行人　石原正康
発行元　株式会社 幻冬舎コミックス
　　　　〒151-0051　東京都渋谷区千駄ヶ谷4-9-7
　　　　電話 03-5411-6431（編集）
発売元　株式会社 幻冬舎
　　　　〒151-0051　東京都渋谷区千駄ヶ谷4-9-7
　　　　電話 03-5411-6222（営業）
　　　　振替 00120-8-767643

印刷・製本所：株式会社 光邦
デザイン：竹田麻衣子（Lim）
DTP：株式会社 森の印刷屋、安居大輔（Dデザイン）
STAFF：齋藤至代（幻冬舎コミックス）、
　　　　佐藤映湖・滝澤 航（オーキャン）、三森定史
装画：柿崎サラ